'GREAT LEADER TO W**O**RK,

Como os melhores líderes constroem
as melhores empresas para trabalhar

Cauê Oliveira
Gustavo Penna

Este livro é
dedicado a
líderes que
transformam
pessoas, empresas
e o mundo em um
lugar melhor.

Agradecimentos

Agradeço a oportunidade de há 10 anos ter recebido um telefonema para trabalhar provisoriamente em uma empresa de difícil pronúncia e de um significado extremamente profundo: Great Place to Work.

Nela, tive a chance de encontrar pessoas que me contaram histórias fascinantes de como é possível transformar o ambiente de trabalho e sermos líderes inspiradores. Foram tantas histórias que daria para escrever um livro. E cá estamos.

Agradeço às pessoas que tornaram esse sonho possível… Ruy Shiozawa, por enxergar em mim um potencial que eu mesmo nunca imaginei ter. Você é uma das maiores inspirações e exemplos para mim.

Gustavo Penna, meu amigo e irmão, que é a pessoa mais talentosa e espirituosa que já conheci. Obrigado por emprestar seu talento para esse meu sonho. Sem você, as histórias contadas aqui não teriam o mesmo brilho.

Aos meus pais por serem minha primeira referência de líderes inspiradores. Obrigado pela vida, pelo amor e pela educação que me deram. Sei que não foi fácil, mas espero dar orgulho a vocês até meu último dia.

À minha irmã, por me impressionar a cada dia com sua força, luz e justiça. Você é minha super-heroína.

Ao Everton, meu companheiro de vida e amor, pela força e pelo suporte que me dá dia após dia.

A Larissa Caldin e Lourdes Magalhães, por acreditarem nessa ideia e publicarem este livro.

Ao José Tolovi, por construir um mundo melhor por meio de empresas melhores desde 1997 aqui no Brasil.

Aos meus amigos, por me darem energia, alegria e vontade de ser uma pessoa melhor.

Aos líderes que tive a oportunidade de conhecer, com os quais pude partilhar histórias que marcaram minha vida e contribuíram para este livro.

Agradeço a você que inicia esta leitura. Se ao final você se sentir uma pessoa melhor, meu maior propósito estará cumprido.

E, por fim, elevo agradecimento a Deus que me abençoa de maneira tão especial nesta jornada aqui na Terra.

Boa leitura!

Prefácio
Melhores empresas se fazem com os melhores líderes

Por Ruy Shiozawa

Contrate sempre alguém melhor do que você. Essa não é apenas uma das inúmeras e valiosas orientações que este livro traz, mas é algo que pratico na minha vida como líder há mais de 30 anos. Há dez anos, Cauê Oliveira chegou ao time do Great Place to Work para dar um apoio aos funcionários de um grande cliente que tinha operações fora do país, e precisava de uma assessoria de alguém que falasse inglês. Fluente no idioma, esse foi seu primeiro contato com a metodologia da nossa pesquisa, e o primeiro passo de uma jornada incrível que está construindo. Do atendimento a esse cliente em especial, Cauê passou pela consultoria e foi na sala de aula que ele exerceu (e exerce) o seu máximo potencial. Presencial ou virtual, a sala de aula é, sem dúvida, seu grande palco.

Reconhecer o palco de cada um da sua equipe é um dos papéis mais importantes da vida de um líder. Mais do que desempenhar inúmeras funções e atitudes, como você vai observar nas páginas que se seguem, eu diria que o líder precisa desenvolver muitos olhares. E um deles é aquele que enxerga onde cada um do time brilha mais. Descobrir, por exemplo, que o Cauê é um grande ator de teatro (e o Gustavo Penna, um roteirista) e vê-lo atuando foi decisivo para identificarmos todo o potencial dele para nossas empresas. Há vocações, perfis e momentos de vida diferentes que vão beneficiar mais um ou outro da equipe. Entender essa equação, acredite, vai garantir a realização do profissional e, consequentemente, o sucesso do negócio. Desde que entrou numa sala de aula, Cauê brilhou. E mais do que isso, impactou. No seu currículo de educador já conduziu mais de 900 turmas. Foram mais de 7 mil horas de trabalho e – o número mais importante dessa trajetória – mais de 18 mil pessoas transformadas. De líderes no início da jornada àqueles que achavam já saber tudo sobre liderança e que descobriram – como você vai descobrir ao ler este livro – que essa jornada não tem fim. Estamos – todos nós – sempre em construção.

A obra que você tem em mãos não se propõe a ser um Manual da Liderança nem um livro de autoajuda que vai dizer os sete passos para ser um Líder Melhor. O que Cauê e Gustavo Penna propõem aqui é uma grande reflexão sobre o papel do líder na construção das relações de confiança, no desenvolvimento de suas equipes e na manutenção de um excelente lugar para trabalhar. Um desafio constante na agenda corporativa, muito discutido e tão difícil de ser implementado. Afinal, como o livro reforça, 70% dos líderes não estão preparados para sua função. Alguns patinam na falta de confiança e, consequentemente, no excesso de controle; outros, ao ignorar as vozes da vida real, rejeitando as ideias do seu time antes mesmo de explorá-las. Há ainda os que pecam na comunicação, não sabem passar a mensagem ou passam de maneira truncada, artificial, não convincente. Não agradecem, não sabem o que é celebrar, seguram as informações e a estratégia para si. Enfim, são líderes que não inspiram e, mais do que não deixar saudades, provocam saídas. Já ouviu a máxima de que "as pessoas não deixam suas empresas e seus trabalhos, mas sim seus chefes"? Então, é disso que estou falando.

Isso significa que não existem empresas incríveis com líderes medíocres. É preciso ser um *great leader to work* para ter um *great place to work*. A premissa deste livro é pautada em anos de pesquisa e análise de diferentes organizações que perceberam que a boa gestão de pessoas não passa apenas pela área de recursos humanos, mas sim pelo comportamento e atitude da sua liderança. De forma didática e muitas vezes lúdica, o livro de Cauê e Gustavo envolve o leitor – do potencial líder ao líder mais maduro – e oferece um bom caminho – e por que não? – um convite para adoção de novos (e simples) hábitos que vão causar um impacto gigante na vida das pessoas.

Durante 25 anos avaliando e reconhecendo empresas, percebemos que as mais longevas, sustentáveis e rentáveis são as que investem em sua liderança e buscam constantemente se adaptar às novas relações de trabalho que vêm surgindo. Não há espaço mais para líderes cuja gestão é pautada no comando e controle, que ignoram a diversidade ou que não abrem espaços para a escuta ativa e genuína dos seus times. Líderes que valorizam as castas hierárquicas e vivem em seus casulos de poder não têm chances de sobrevivência no mundo hoje, especialmente após uma pandemia que ainda assola o mundo. Não se trata mais de manter as portas abertas – até porque muitas empresas, como a nossa, nem portas mais têm –, mas de permitir o real envolvimento do time, respeitando suas opiniões e valorizando suas ideias. A humildade e a vulnerabilidade são ingredientes fundamentais para o líder que busca o envolvimento e o engajamento das suas equipes, mas são ainda palavras que assustam uma geração inteira que cresceu ouvindo que o líder deve super-homem ou mulher-maravilha.

Alerta do século XXI: não somos, nunca fomos nem nunca seremos super-homens e mulheres-maravilhas. E isso é bom, acredite. Portanto, reforço aqui o que disse no início. Quer ter uma equipe de alta performance e atingir os melhores resultados? Contrate alguém melhor do que você. Eu fiz isso em 2011 ao contratar o Cauê e hoje celebro com ele dois momentos incríveis: a criação de uma empresa, a Great People Leadership, nascida dentro do GPTW com a nobre missão de transformar pessoas em líderes extraordinários, e, claro, o lançamento desta obra, que, por meio de histórias reais de liderança, pretende inspirar você a ser a cada dia um líder melhor para sua equipe. Seja você quem for nesta engrenagem corporativa, lembre-se: toda empresa pode ser um *great place to work* e toda pessoa pode ser um *great leader to work*. Que você exerça a sua melhor liderança!

Ruy Shiozawa é CEO da Great People

Acesso à nossa **comunidade** de **Great Leaders to Work** no Facebook.

Sumário

Aviso importante **17**
Giftwork **29**

Leadership Map: **Meaningful** **47**

Comunicar 49
Lição nº 1: Falar bem é diferente de falar muito 56
Lição nº 2: Não adianta só comunicar as tarefas, também é preciso comunicar as razões.........................60
Lição nº 3: Não existe receita da boa comunicação 63
Lição nº 4: Nada comunica mais do que a atitude 68
Resumindo! 73

Inspirar 79
Lição nº 1: Inspirar é mais que informar 83
Lição nº 2: Não adianta inspirar só meio time.................89
Lição nº 3: Missão intangível, caminho tangível.............95
Resumindo! 107

Escutar 111
Lição nº 1: O RH não está lá para escutar por você.........118
Lição nº 2: Conheça seu nível de escuta......................... 122
Lição nº 3: O verdadeiro primeiro nível da escuta se chama humildade 126
Lição nº 4: O último nível da escuta se chama ação...... 133
Resumindo! 136

Leadership Map: **All in** 141

Cuidar 143

Lição nº 1: Saúde mental também é saúde 150

Lição nº 2: Vida pessoal ≠ vida profissional.
Uma grande mentira..157

Lição nº 3: Vida pessoal ≠ vida profissional.
Uma grande verdade 165

Resumindo! 171

Desenvolver 177

Lição nº 1: Desenvolver não é criar uma
fábrica de gestores 183

Lição nº 2: Não crie um plano de carreira
para outra pessoa 189

Lição nº 3: Hora do *feedback* 196

Resumindo! 201

Agradecer 207

Lição nº 1: Siga o script 213

Lição nº 2: Não siga o script 218

Lição nº 3: Não agradeça apenas o bom resultado 223

Lição nº 4: Conheça o principal beneficiado 226

Resumindo! 229

Leadership Map: **Partnership** **235**

Contratar 237
Lição nº 1: Busque similaridades 242
Lição nº 2: Busque diferenças 247
Lição nº 3: Tenha uma entrevista de ouro 254
Lição nº 4: Não é só contratar, mas também receber ... 259
Resumindo! 263

Compartilhar 269
Lição nº 1: Salário importa. E não precisava
um livro para te dizer isso 271
Lição nº 2: Compartilhar significa fazer escolhas 279
Lição nº 3: Tem algo mais importante do que
compartilhar dinheiro 285
Resumindo! 291

Celebrar 297
Lição nº 1: Saiba enxergar as razões para comemorar 306
Lição nº 2: Saiba como celebrar 314
Resumindo! 320

Essa quase não entra......................327
Sobre os autores.............................337

AVISO IMPORTANTE

Co-la-bo-ra-dor
Vem do latim *LABORARE*,
que sente fadiga, que sente dor.

Em-pre-ga-do
Vem do latim *IMPLICARE*,
que está enlaçado, atado, preso.

Fun-ci-o-ná-ri-o
Vem do latim *FUNCTIO*,
serve para função, que funciona.

Pro-fis-si-o-nal
Vem do latim *PROFITERI*,
aquele que tem algo para confessar.

Nós acreditamos que, independentemente
das suas origens, todas as palavras acima
podem continuar sendo utilizadas,
a depender da intenção de quem fala.

Mas, para este livro…
Utilizaremos o termo: ***pessoas***.

Este livro começa com três péssimas notícias.
Vamos a elas.

Primeira:
lideranças problemáticas
têm feito as *pessoas* sofrerem

A pesquisa mundial da Gallup revelou que só 15% das pessoas estão realmente engajadas no trabalho. Todas as outras… vão apenas porque têm que ir.

Conformismo? Inércia? Resignação? Quem dera fosse só isso.

Afinal, como publicou a Harvard Business Review, mais da metade das equipes em todo o mundo não se sente sequer *respeitada*.

Agora, veja só, no mundo inteiro há cerca de um bilhão de pessoas que trabalham em período integral. Faça as contas e você vai descobrir quanta gente anda dormindo mal por causa da chefia.

Não é por acaso que a Harvard Business Review chegou a um dado curioso e revelador: 58% das pessoas dizem que confiam mais *em estranhos* do que no próprio patrão.

É complicado!

A maioria dos dirigentes não acredita na próxima informação. Mas o fato é o fato e vou precisar falar! Oito a cada dez pessoas que se demitem (segundo pesquisa da Michael Page de 2019) fazem isso simplesmente porque não aguentam mais seus gestores!

Não é por acaso que naquelas que são consideradas as Melhores Empresas para Trabalhar do país o índice de rotatividade é bem menor.

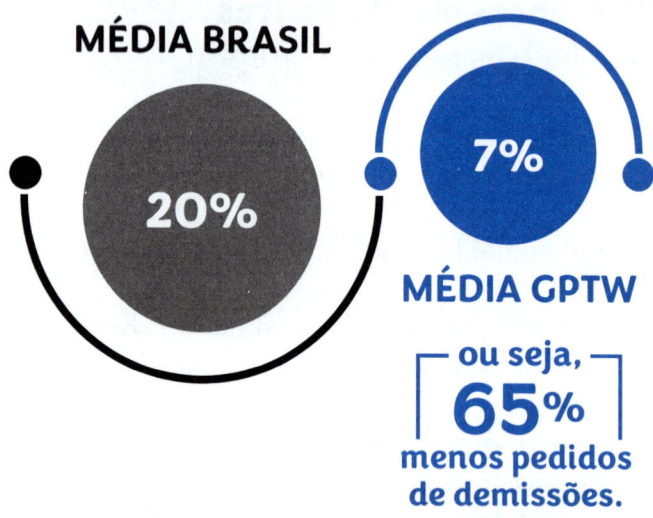

Fonte: Rotatividade e políticas públicas para o mercado de trabalho.
Departamento Intersindical de Estatística e Estudos Socioeconômicos (DIEESE), 2017.
GPTW 2019 Brasil

Problemas assim existem em todos os lugares.

Toda hora aparecem situações como a da apresentadora americana Ellen Degeneres, que foi chamada de omissa diante de vários abusos sofridos pela equipe; ou da cantora Anitta, que foi acusada pela mídia de humilhar as pessoas com quem trabalha.

Mas...

Se for para focar em um só caso, prefiro contar a história da Luiza Farias. Em 2020, ela me mandou essa mensagem no Instagram.

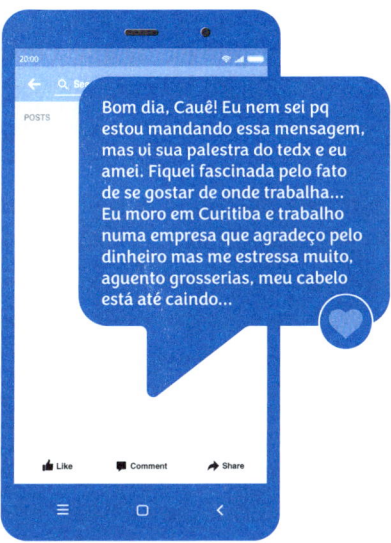

Bom dia, Cauê! Eu nem sei pq estou mandando essa mensagem, mas vi sua palestra do tedx e eu amei. Fiquei fascinada pelo fato de se gostar de onde trabalha... Eu moro em Curitiba e trabalho numa empresa que agradeço pelo dinheiro mas me estressa muito, aguento grosserias, meu cabelo está até caindo...

Não é chocante pensar que a ideia de se gostar do lugar onde se trabalha, para alguns algo tão normal, para outros possa ser *fascinante*?!

Trabalhei nos últimos dez anos no Great Place to Work – ou, para os íntimos, GPTW. É a companhia que analisa, certifica e lista quais são as melhores empresas para trabalhar.

Recebo muitas mensagens como a da Luiza. Elas me fazem lembrar, todos os dias, o porquê faço o que eu faço.

Segunda:
Lideranças problemáticas
têm feito as *empresas* sofrerem

Não temos a menor dúvida de que a maior parte do orçamento das companhias é investida em *gente*. Basta somar salários, benefícios e impostos para sentir o rim dando uma torcida.

Vamos voltar ao dado de que só 15% das pessoas estão realmente engajadas no trabalho. Olhando bem, ele mostra que por causa da (ou falta de) liderança, todo time tem cerca de *um* coitado verdadeiramente disposto. Os outros estão empurrando com a barriga.

Nem preciso dizer que, desse jeito, não existe resultado sustentável.

A 2016 Global Human Capital Trends, pensando nisso, reuniu diversos executivos para debater o tema: 89% deles disseram que "reforçar e melhorar a liderança organizacional é uma prioridade importante".

Se precisa reforçar... É porque não está forte.

Se precisa melhorar... É porque não está boa.

E, repare bem, são 89%!

Mas de onde surgiu essa pressa toda para resolver a liderança?

Não, não veio de sonho revelador algum. Não tem razões religiosas. Não é um novo desafio do TikTok.

A questão, sem dúvida, é: dinheiro.

Em 2015, a pesquisa High-Impact Talent Management, feita pela Bersin com a Deloitte, emitiu um alerta geral:

empresas que focam em liderança e inclusão têm cerca de *duas vezes* mais fluxo financeiro por pessoa.

Nossos números, dentro do GPTW, batem com os deles. O livro *A Great Place to Work For All*, escrito pelo nosso CEO global Michael C. Bush, revelou uma verdade simples.

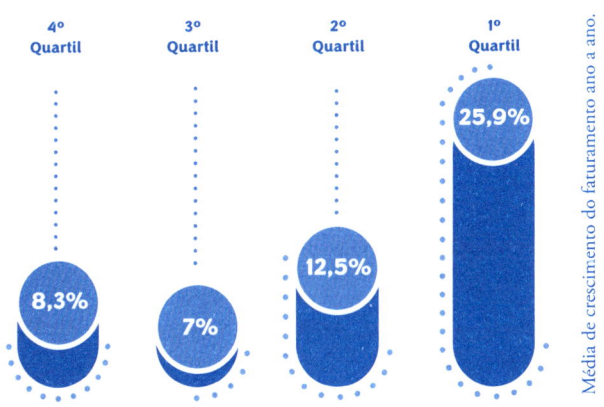

Fonte: Análise do Great Place to Work.

Líderes que maximizam o potencial humano das companhias trazem inovação e receita. Liderança eficiente é sinônimo de faturamento.

"Trate as pessoas como se elas já estivessem fazendo a diferença... e elas farão!"
Jim Goodnight, CEO e Cofundador do SAS

Terceira:
Lideranças problemáticas
têm feito as *lideranças* sofrerem

Para começar: dói no bolso do indivíduo.

Quer ouvir uma conta curiosa? A consultoria Equilar juntou numa planilha só o salário dos CEOS das 500 maiores empresas de capital aberto dos Estados Unidos. Depois, isolou um grupinho chamado: "CEOs que estão na lista das 100 Melhores Empresas para Trabalhar".

O resultado é que esta turminha tinha um ordenado 19% maior.

Aí sim, hein?!

Mas quem dera o problema dos outros 81% fosse "apenas" sucesso e dinheiro. A liderança também está psicologicamente abalada.

Um estudo da Isma-BR com a Betânia Tanure Associados publicado pela revista *Exame* mostrou que o nível de estresse nas companhias nos últimos dez anos só aumentou. Os mais afetados? Adivinha quem são?

Os gerentes!

No GPTW temos dados com uma revelação bem triste sobre isso. Já aviso, se você for millennial, melhor pular a próxima página!

Os números mostram o seguinte: essa geração trabalha loucamente para chegar a um cargo executivo! E, justamente quando conseguem a vaga, é o momento em que são mais infelizes.

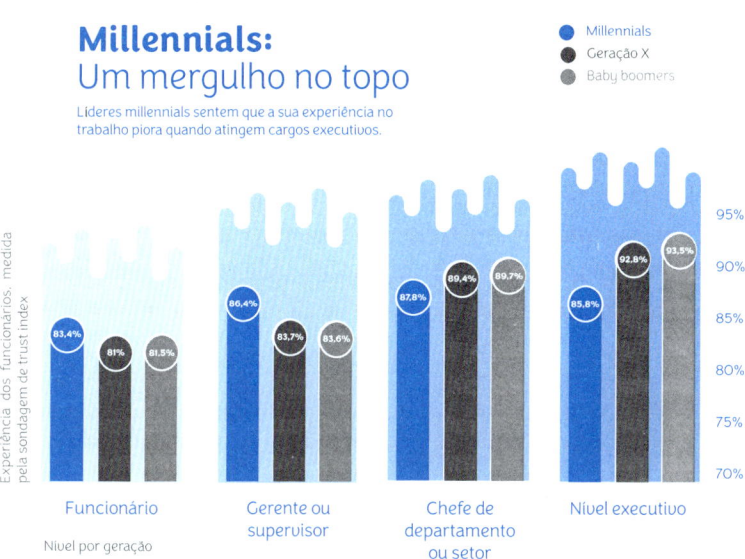

Fonte: Análise do Great Place to Work.

O diagnóstico final, portanto, é esse.

Lideranças problemáticas têm causado problemas para as pessoas, para as companhias e para elas mesmas! Um caldeirão de infelicidade que levanta uma pergunta bem importante.

Como chegamos até aqui?

Simples.
As pessoas não são *postas* na liderança, são *jogadas* lá.

A Gallup fez uma pesquisa *impressionante* sobre o assunto. Colheu informações com mais de 2 milhões de gestores.

O resultado? 70% dos líderes não estão preparados para a sua função.

De fato, segundo a CareerBuilder, apenas 58% dos gerentes tiveram algum treinamento sobre gestão. O que é um jeito elegante de dizer que só metade tem alguma ideia do que está fazendo ali.

> **"100% dos seus funcionários são pessoas.**
> **Se você não entende de pessoas, não entende de negócios."**
> *Simon Sinek*

Eu sei, eu sei...

Até agora só falei do lado ruim.

Coloquei o problema na mesa e não dei solução nenhuma! Em resumo, até este momento, o livro serviu apenas para te deixar triste.

Se fosse autoajuda, teria se tornado um autoatrapalha.

Mas, calma, tenho uma excelente notícia!

O GPTW é responsável por uma das maiores sondagens empresariais do planeta. Fazemos estudos contínuos em mais de 100 países, com milhares de empresas, somando mais de 12 milhões de diagnósticos por ano. Temos uma coleção de três décadas de informações desse tipo.

Baseado em todas essas análises, posso fazer uma promessa: dizer, afinal, qual a grande ferramenta que revoluciona a gestão. O atributo principal. A chave que define e determina quem, afinal, é um grande líder.

Foi para revelar isso que decidi, depois de dez anos conhecendo, investigando e aprendendo com as melhores empresas para trabalhar, escrever este livro.

E, melhor ainda…

A revelação já está no próximo capítulo.

GiFTwoRK

Como mencionei, Michael Bush é o CEO Global do GPTW. Foi professor de Empreendedorismo na Universidade de Stanford e tem publicações em diversas revistas e jornais, como a Harvard Business Review, o Wall Street Journal e a Forbes. É colaborador regular da Fortune e autor do livro *A Great Place to Work For All*

Foi com ele que tive essa conversa.

– Michael, você trabalhou com o Barack Obama, certo?

– Sim, é verdade.

– Você lembra de algum dia especial que tenha te marcado, durante esse período?

– Bom, eu estava trabalhando na Casa Branca naquela época. O Barack estava prestes a sair e falar com a equipe. Isso é algo que a maioria dos presidentes faz só nas duas primeiras semanas. Depois, eles param, porque ficam muito ocupados. O Barack continuou fazendo isso por dois mandatos. Naquele dia ele saiu e disse: "Olá a todos, meu tempo está curto hoje. Mas eu fui notificado de que alguém aqui está usando o telefone oficial para enviar mensagens perguntando qual o melhor bar para se divertir. Pessoal, não foi para isso que as pessoas nos colocaram aqui!". Ele aproveitou esse assunto bobo para falar sobre o povo que havia votado em nós esperando por atendimento de saúde e ruas mais seguras. Falou sobre propósito! E então ele foi embora. Não mais que quinze minutos. Mais tarde eu soube que ele tinha saído para ordenar o ataque aéreo que pegaria Osama bin Laden. Ou seja, para ter a reunião mais importante de toda sua gestão! Mesmo assim, mesmo naquele dia, ele não deixou de falar com a equipe. Ele não disse: "Hoje não posso, porque estou fazendo algo envolvendo segurança nacional". Por isso que ele é um modelo para mim, Cauê. Não importa o quão ocupado eu esteja, sempre encontro tempo para conversar com nosso pessoal.

— Certo, a gente sempre ouve falar de como é importante ter um canal de comunicação aberto. Mas que diferença, exatamente, isso faz? — questionei.

— No fundo, é sobre criação de confiança. Não há nada mais importante do que confiança. A confiança é a base sobre a qual podemos construir uma casa que será boa para todos. Porque sem confiança não existe um ambiente sobre o qual as pessoas se importem. Confiança é a peça vital do quebra-cabeça.

— Mas por que confiança é tão importante? Alguém não poderia dizer que o mais importante é... sei lá... salário... estrutura? — perguntei.

— Para começar, porque é a base da comunicação. Nós todos nos sentimos mais confortáveis com amigos e familiares. Mesmo que nem sempre nos demos bem, confiamos uns nos outros. Quando confiamos nas pessoas, falamos com elas de uma forma honesta. A gente se comunica honestamente sobre como nos sentimos. Não vamos perder um grande amigo ou um membro da família por ter falado a verdade. Além disso, ouvimos mais, porque nos importamos com aqueles em quem confiamos. Quando há confiança, não há manipulação.

— Então confiança é a chave da integração?

– Não só isso! Da agilidade também. Digamos que meu supervisor me peça para fazer algo e ele está com pouco tempo, então ele me pede para fazer algo e não consegue explicar por quê. Se eu confiar nele, vou fazer isso. Vou fazer isso de todo o coração, sem reservas! Se não confio nele, vou ficar me perguntando por que estou fazendo isso. Se o que estou prestes a fazer vai realmente ajudar o negócio… Não estou me movendo de maneira ágil. Não estou comprometido. Para o líder, a mesma coisa! A confiança libera a mente do microgerenciamento. Libera sua mente de observar as pessoas para ter certeza de que elas estão fazendo coisas. Porque você confia.

Tentei criar uma rápida listinha de quais são as coisas que tornam um lugar ruim para se trabalhar.

Eis os itens que me apareceram na cabeça:
- Gente que pede tudo de última hora
- Tecnologia e ferramentas ultrapassadas
- Chefe que se irrita com quem pergunta
- Nunca ser reconhecido pelo trabalho
- Pessoas que não lembram nossos nomes
- Comentários machistas, racistas ou homofóbicos

Não tem nenhuma ordem hierárquica nisso aí, ok? Foram só as primeiras imagens que me vieram.

O fato é que todos nós sabemos muito bem o que nos incomoda. Mas, mesmo que eliminemos todos esses problemas, não teremos criado um Great Place to Work. Vamos conseguir, no máximo, um Ok Place to Work.

Um espaço onde simplesmente se respeitam as condições básicas de convívio pode ser só um galpão com um banheiro. Legal, mas é pouco. Afinal, o trabalho de um líder é fazer a equipe *querer* voltar no dia seguinte, e não *ter* que voltar.

Então, qual é o elemento faltante?

Não, não é uma mesa de bilhar.

Nem uma máquina cervejeira.

Muito menos uma parede colorida. De que adianta fazer isso, se o lugar estiver cheio de pessoas cinzentas?

O único fator que pode, de fato, revolucionar a liderança… é a *confiança*.

Que pode até ser um substantivo bem bonito, mas é difícil de implementar.

A proporção de confiança de qualquer ambiente será, sempre, inversamente proporcional à proporção de domínio. Quanto mais confiança, *menos controle*. Quanto mais confiança, mais expectativa e menos certeza!

Em uma empresa ideal, quase platônica, ao invés de um Excel com a lista de tarefas, haveria somente uma mensagem de WhatsApp dizendo: "Chefe, terminei lá! Foi ótimo!".

E isso iria bastar.

Mas, para uma empresa, é mais difícil instalar *Confiança* do que qualquer outra ferramenta de gestão (PDCA, OKR, Kaizen, aí vai…). Afinal, diferente de todas as outras, não basta ter a ordem. Confiança requer pessoalidade.

Muitas vezes o meio corporativo repele a individualidade. Já percebeu que até perdemos nosso sobrenome quando conseguimos um emprego? Deixamos de ser o João da Silva para ser João da Philco, por exemplo.

A verdade é que, por causa disso, diversas companhias estão corroendo por dentro. E a ferrugem está instalada na relação entre líderes e liderados. Ela se chama falta de confiança.

Confiança medida em laboratório

Paul Zak, Ph.D. da Universidade da Pensilvânia, não é apenas um neuroeconomista. Ele é fundador da área e do cargo! Foi ele quem desenhou a relação matemática entre confiança e desempenho econômico.

E, certa vez, numa pesquisa parecida, tentou descobrir se a confiança poderia ser medida em laboratório. "Eu sabia que em roedores uma substância química do cérebro chamada oxitocina havia demonstrado sinalizar que outro animal era seguro para se aproximar. Me perguntei se esse era o caso em humanos também."

O experimento foi impressionante.

Cada participante ganhava uma quantidade de dinheiro que poderia dar para alguém. Quando a outra pessoa recebesse, o montante iria triplicar! Daí, ficava a cargo do sortudo dividir o total com quem lhe ofereceu o dinheiro... *ou não*.

Em linhas gerais, você tem um real. Se quiser dar para um coleguinha, viram três reais! O amigão, então, pode dividir contigo (R$ 1,50 para cada) ou embolsar tudo sozinho.

E aí, você confia?

Durante a operação, havia participantes "in natura" e outros que receberam doses de 24 UI de oxitocina sintética. Adivinha só? O grupo com um jato da substância química mais do que dobrou a quantidade de dinheiro compartilhada.

Segundo o pesquisador, pessoas que trabalham em empresas com alto índice de confiança têm:

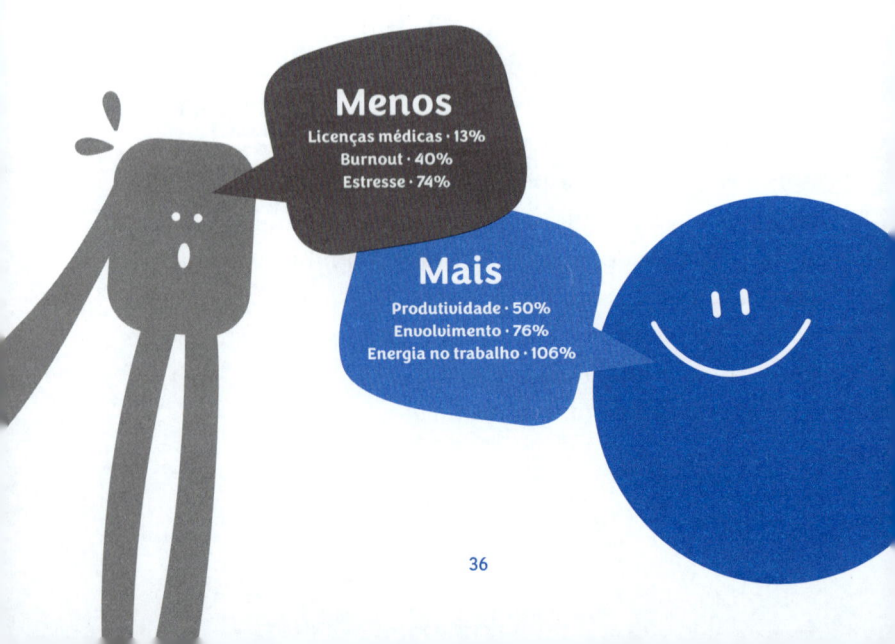

Menos
Licenças médicas · 13%
Burnout · 40%
Estresse · 74%

Mais
Produtividade · 50%
Envolvimento · 76%
Energia no trabalho · 106%

Os dados do GPTW mostram que essa energia toda dá resultado!

Em 2020, as 150 Melhores Empresas para trabalhar do país tiveram o crescimento médio do faturamento de 9,3%; já o das não premiadas foi de 0,7%. Para se comparar, o país, no mesmo período, teve PIB de - 4,1%.

Não é por acaso que…

Alta Confiança =
Maior faturamento

- 100 melhores empresas para trabalhar da Fortune
- Russell 3000
- Russell 1000

As Melhores Empresas obtêm faturamento quase **3x maior**

929 %
296%
295%

Fonte: FTSE Russell.

Esses resultados são tão consistentes que, depois de anos olhando as melhores empresas para trabalhar triunfando na bolsa de valores, a B3 (antiga Bovespa) resolveu criar um índice específico para isso. Uma classificação de investimentos baseada em empresas certificadas pelo Great Place to Work que tenham ativos na bolsa.

Como o próprio presidente da instituição falou: "Os investidores estão procurando por isso! Aplicações rentáveis com uma veia ESG. Ter a credibilidade de empresas

GPTW dentro da B3 pode deixar o G, de Governança, bem mais fácil de encontrar!".

Agora, considere essa simples realidade: Confiança virou ativo da bolsa de valores.

E por aí?

As pessoas confiam em você?

Como construir **confiança**

Como explica Simon Sinek, criador do famoso Golden Circle, a liderança não nasce do nada, às 3h da tarde de uma quinta-feira. A confiança funciona da mesma forma que um casamento. Ninguém lembra o dia exato em que começou a amar alguém. A relação foi evoluindo e, quando paramos para ver, temos filhos e um financiamento de imóvel.

O amor, assim como a confiança, é construído lentamente, conforme o relacionamento ganha profundidade e significado.

É como se existisse um reservatório…

Reservatório da **Confiança**

Entrada

Reservatório

Saída

A confiança funciona de maneira bem similar a transações comerciais com as quais estamos acostumados: débitos e créditos. Existem aquelas atitudes que abastecem o reservatório e, invariavelmente, aquelas que o diminuem. O segredo, claro, está no controle para não deixar sair mais do que entra. Básico da matemática financeira, não?

O problema é que, no caso da confiança, você só pode controlar a entrada! Afinal, sendo o líder um ser humano, imperfeição e falhas vão fazer parte do negócio. Ninguém erra porque quer. Ninguém acorda de manhã e fala: "Hoje eu só vou fazer merda, *cês* vão ver!".

Simplesmente acontece.

Funciona assim, primeiro você precisa aceitar que, invariavelmente, seu reservatório vai diminuir. Nós corremos o tempo todo o risco de perder a confiança. Não dá para fugir disso.

Agora, se você vai reabastecer esse reservatório... Ah, isso já é uma escolha!

Fazemos isso, às vezes, de maneira bem delicada e sutil.

Nos parques da Disney, por exemplo, todas as equipes – incluindo faxineiros, lavadeiras e pedreiros – são chamadas de *Cast Members* (membros do elenco). É uma forma delicada de dizer: "Eu *confio* que você vai dar um show". Já imaginou com que autoestima essas pessoas trabalham?

Hoje, parte das minhas tarefas é fazer palestras por todo o Brasil. Às vezes com plateias de milhares de pessoas. Sinceramente? Não acho que eu teria coragem de fazer nada disso se não fosse a confiança do Toninho.

Toninho é meu pai.

Quando era criança, eu fazia apresentações das pecinhas escolares no final do ano. Eram poucos ingressos vendidos, afinal tínhamos uma única sessão. Toninho, acredite ou não, comprava trinta!

Depois, sabe o que o desatinado fazia? Saía revendendo tudo para os amigos na Prefeitura Municipal de São Bernardo do Campo, onde ele trabalhava. Exatamente. Meu pai confiava tanto em mim que, olha só, virou um cambista!

A confiança transforma as pessoas e, claro, cria relações de trabalho excepcionais.

Só tem um porém.

Confiança leva anos para se construir!

E a meta precisa ser batida em dezembro.

E aí?! O que fazer?!

A técnica para
aceleração da confiança

Ao contrário do que a maior parte das pessoas pensa, existe uma metodologia para acelerar a criação de confiança. Uma forma de encher o reservatório mais rapidamente!

Grandes líderes se utilizam disso todos os dias.

Para revelar como esse processo funciona, antes eu preciso perguntar: Quais foram os três momentos mais emocionantes da sua vida profissional?

É sério.

Tome um tempo para pensar nisso.

Vou pular para próxima página, ela representa um intervalo para você respirar e escolher quais foram, combinado?

Feito?

Obviamente, eu não faço a menor ideia de quais ocasiões você selecionou. Mas aposto que ficou muito perto disso aqui:

- O dia em que alguém reconheceu o seu valor.
- Quando você fez diferença na vida de outra pessoa.
- Um desafio enorme superado ao lado de alguém.

Parabéns, você acaba de entender o conceito de *Giftwork*.

Giftwork®

Reparou na marquinha registrada?

Exatamente. Nós, do GPTW, inventamos essa palavra.

Ela representa aqueles momentos em que colegas de trabalho fazem algo especial uns pelos outros! Com especial, entenda, não estou me referindo a comprar ingressos para o show da Banda Eva. Pode ser algo beeem mais simples. Quase corriqueiro!

Lembro, por exemplo, quando era estagiário recém-contratado de uma empresa gigantesca. Certo dia, o presidente pegou o elevador junto comigo. Ele virou para mim e disse:

– Bom dia, Cauê.

Arregalei os olhos! O homem sabia como eu me chamava!

Giftworks são assim.

Presentes (*gifts*) de baixíssimo investimento para quem dá e de altíssimo valor para quem recebe. Para ele, foi decorar mais um nome. Para mim? Jamais esqueci.

São atitudes únicas, generosas e individualizadas. Demonstrações de apreço que têm a capacidade de elevar o nível de confiança numa velocidade astronômica.

Sim, os *Giftworks* são aceleradores do processo de confiar em alguém. Sim, *Giftworks* são o grande segredo da liderança.

Não é apenas o que se faz, mas como se faz. A essência está nesse como. Por isso, ao longo de décadas de estudo, descobrimos quais são as áreas de prática em que podemos utilizar *Giftworks*. No total... são nove.

Muita coisa?

A boa notícia é que elas estão distribuídas em uma arquitetura simples, desenhada para tirar o assunto do intuitivo e levar para o sistemático.

Com essa estrutura fica fácil saber o que fazer em cada situação. Essa metodologia é o que chamamos de...

Leadership **M A P**

Está pronto para a explicação?!

Vamos lá!

Toda liderança, sem exceção, existe para alcançar um objetivo.

Para isso, precisa de basicamente três coisas.

Primeiro, uma equipe focada!

Que entende, claramente, por que está ali! Direcionada para o objetivo. Aliás, mais do que isso, emocionalmente envolvidas com o objetivo! Querendo que dê certo e vendo sentido no todo.

Ou seja... *Meaningful*. Do inglês, "significativo".

Existem três práticas especiais para isso.

Segundo, uma equipe que entrega!

Não basta o pessoal estar apenas focado, é preciso que esteja ativo. Ou seja, que estejam todos aptos para sair da teoria e fazer acontecer. Preparados para transformar boa intenção em ação.

Ou seja... *All in*. Do inglês, "dando tudo de si".

Existem três práticas especiais para isso.

Terceiro, uma equipe integrada!

Que seja capaz de trabalhar em sinergia. Afinal, não adianta ter um monte de estrelas se elas não formam um time. Pessoas que estejam tão unidas que sejam, de fato, invencíveis.

Ou seja… *Partnership*. Do inglês, "parceria".
Existem três práticas especiais para isso.

M de *Meaningful*.
A de *All in*.
P de *Partnership*.

Este, basicamente, é o…

Leadership **M A P**
- Mapa da Liderança -

M — MEANINGFUL
SIGNIFICATIVO

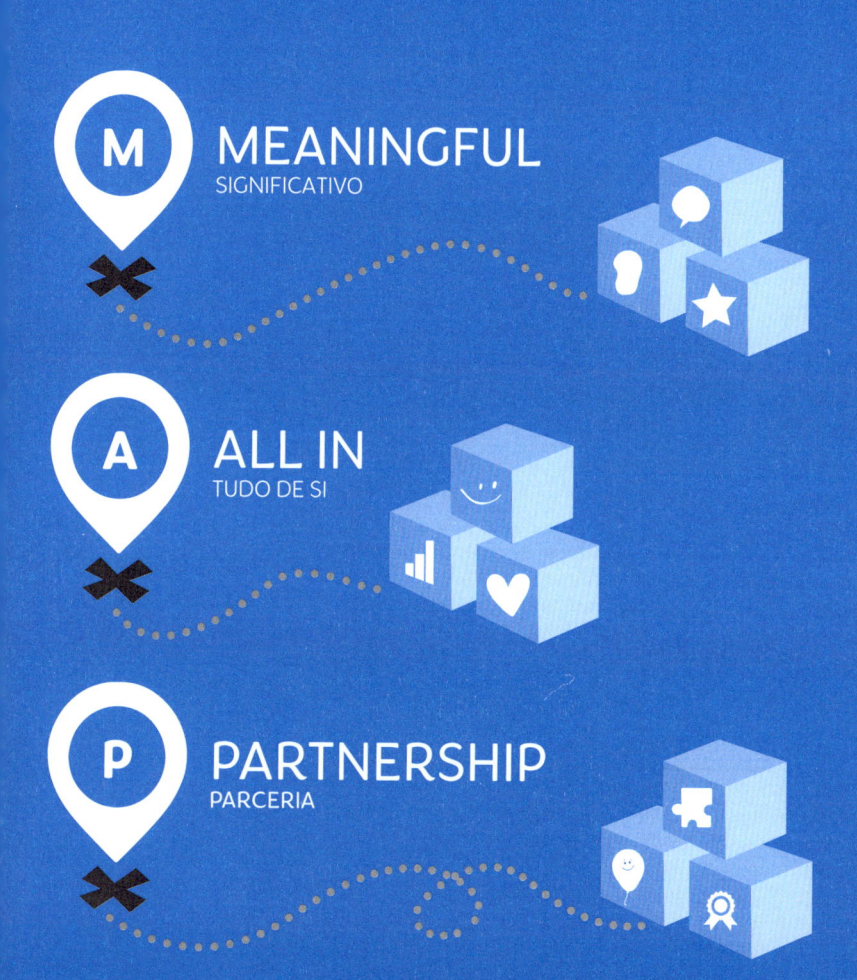

A — ALL IN
TUDO DE SI

P — PARTNERSHIP
PARCERIA

O LEADERSHIP MAP
é um guia sobre onde e como
realizar seus *Giftworks*.
Mostrará o caminho para
potencializar a confiança das pessoas.
É, portanto, o mapa
para a verdadeira liderança.
O livro, de verdade,
começa agora.
Boa leitura.

Leadership M A P

Agora você está no
MEANINGFUL
SIGNIFICATIVO

comunicar

escutar

inspirar

M

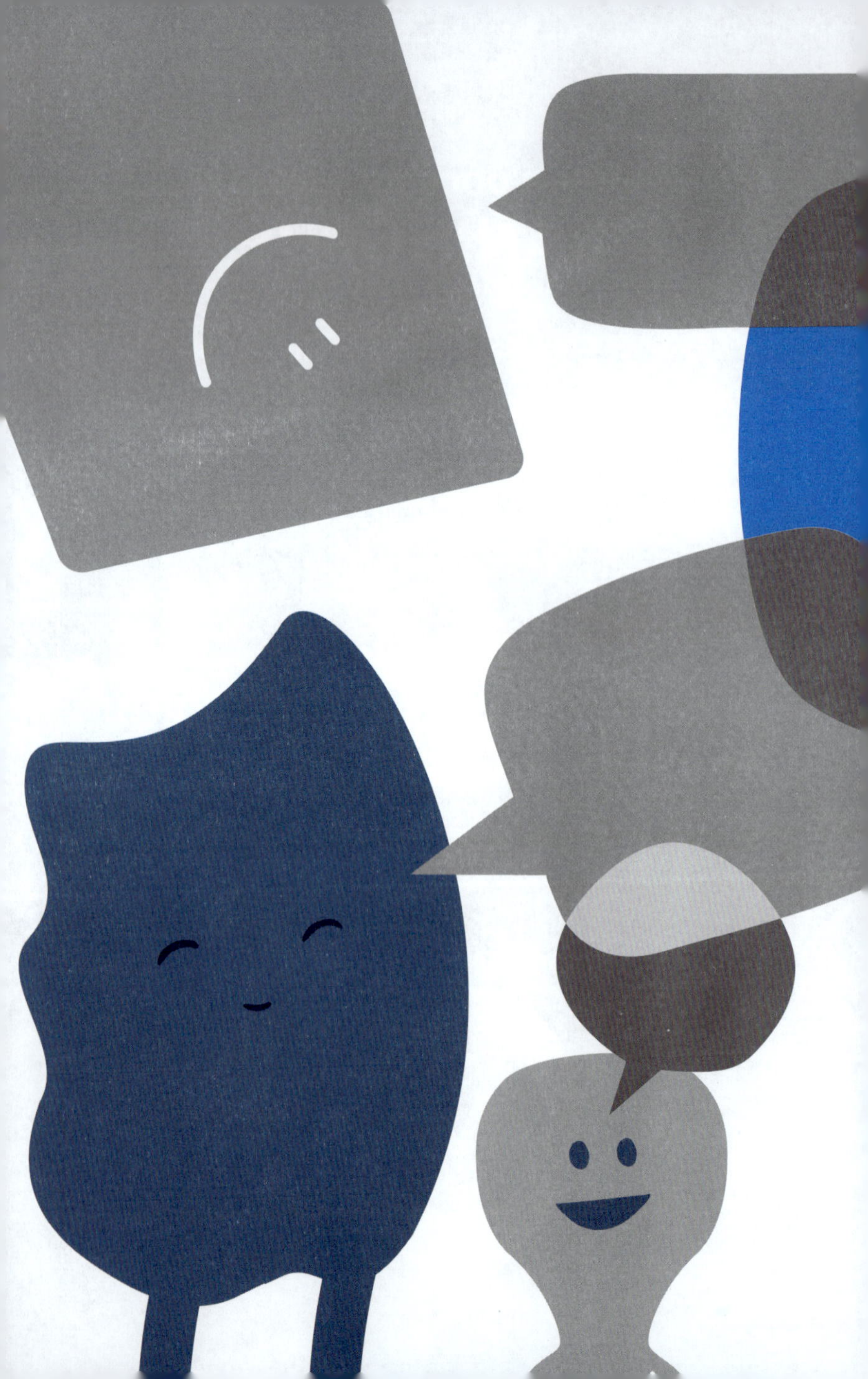

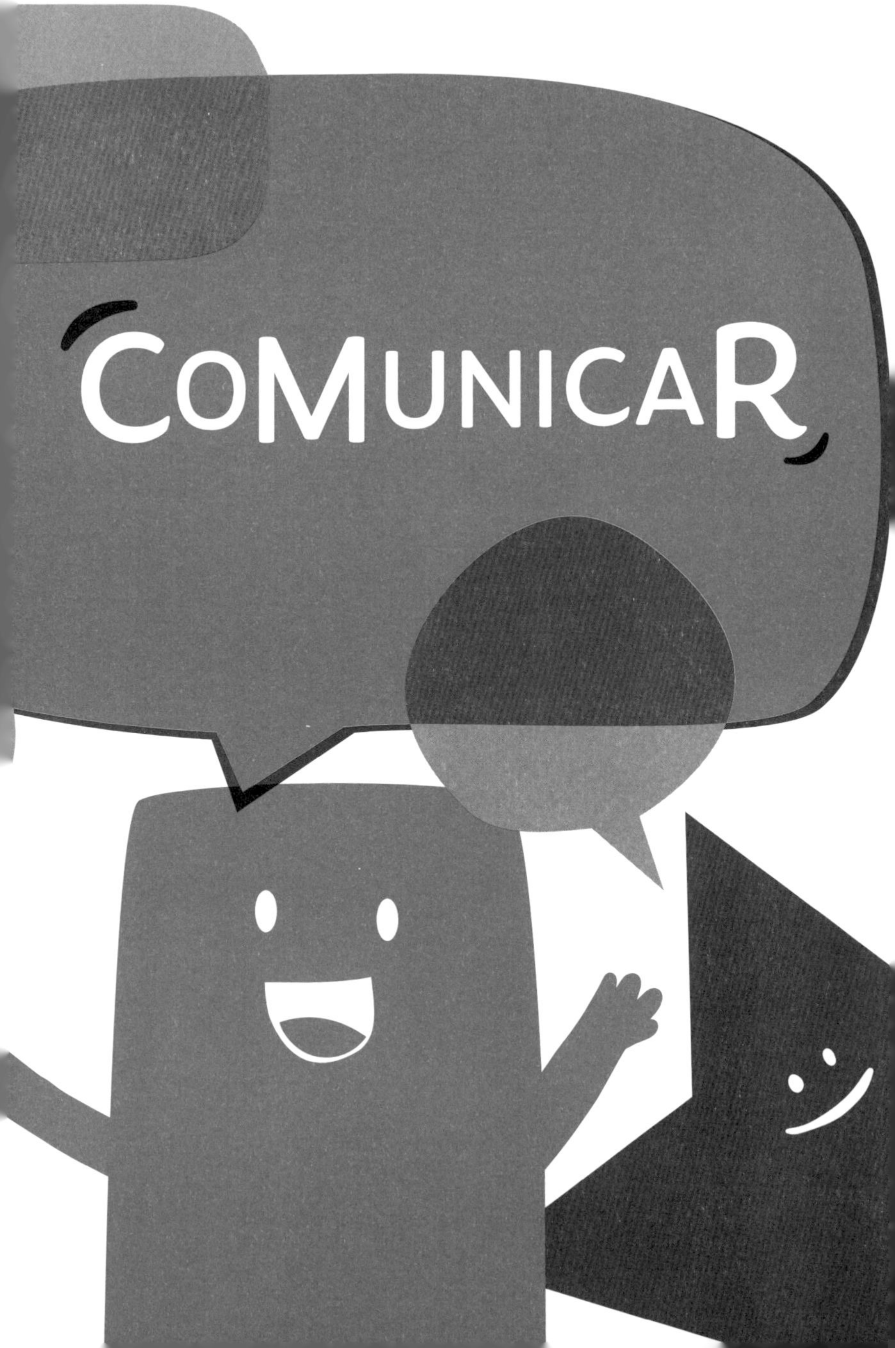
COMUNICAR

1854, Guerra da Crimeia.

Um grupo de soldados russos atacou a base dos Aliados em Balaclava. Além de um punhado de mortos, roubaram os canhões de longo alcance. Armas inglesas que, agora, seriam usadas para matar ingleses.

Quando Lorde Raglan recebeu a notícia, sentiu falta de ar. Bateu na mesa com força, como se fosse no próprio crânio de um inimigo russo, e deu a ordem:

– VÃO ATRÁS DESSAS ARMAS!

Mas, por mais alto que gritasse, a voz não ia chegar lá no batalhão, quase a um país de distância. O comando foi devidamente anotado e repassado para a frente: "Lorde Raglan deseja que a cavalaria avance rapidamente para a frente, siga o inimigo e tente evitar que eles carreguem as armas".

Quem recebeu a ordem foi Lorde Lucan.

Que não estava sabendo do ataque em Balaclava.

Que não estava sabendo dos canhões roubados.

Que não sabia nem o que esse "para a frente", na frase, queria dizer.

Mas sabia de um outro grupo de inimigos acampados no final do vale.

– Bom, há russos. E há raiva. Então, atacar!

Juntou os melhores homens que tinha. O Regimento dos Dragões Ligeiros, o Regimento dos Lanceiros, o Regimento de Hussardos, a Brigada Pesada e os Dragões da Guarda.

Pronto!

Por causa de uma ordem mal explicada. Mandou, todos de uma só vez, para o lugar errado.

Meio milhar de vidas perdidas em um ataque suicida.

O **número** de Dunbar

Comunicar é a primeira prática do **LEADERSHIP MAP**. Justamente porque, sem ela, sua equipe não vai nem saber qual é o trabalho! Como você pode liderar se não é minimamente capaz de deixar claro o que precisa ser feito?

E não venha com essa de: "Imagiiina, isso eu tiro de letra!".

Se alguma vez você já pensou: *Ai, acho que vai ser mais fácil fazer do que explicar*, este capítulo é para você.

~

Existe uma correlação matemática entre o volume do neocórtex dos primatas e o tamanho do seu círculo social. Isso mesmo! Mais neocórtex, mais amigos tem o macaquinho.

O antropólogo Robin Dunbar, Ph.D. e professor emérito de psicologia evolucionista, resolveu testar isso com uma espécie beeem mais complicada.

Humanos.

Após comparar os dados de 38 hominoides usando fórmulas de regressão, desenhou a hipótese de que o tamanho médio de um grupo social humano é de cerca de 150 pessoas.

Povoados do período neolítico?

Unidade militar na Roma Antiga?

Igrejas bizantinas do primeiro milênio?

150, 150 e 150.

| 5 | 15 | 50 | **150** | 500 | 1500 |

Família **Amigos** **Colegas** **Pessoas** cujo nome e cujo rosto você lembra **Conhecidos** **Contatos on-line**

Sabe o que isso significa para aquelas empresas grandes, às vezes com milhares de funcionários espalhados pelo mundo?

Significa que temos um problema.

A era do telefone **sem fio**

Os alemães são bons de design.

Fizeram a BMW, a Faber-Castell e, olha só, o *open office*! Sim, aquela mania de derrubar as paredes do escritório começou com eles, lá em 1950.

A ideia é boa.

Mas não adianta muita coisa, se não for acompanhada pela atitude da liderança.

Um chefe fechado com a cara no computador, que nunca olha na cara de ninguém, continuará sendo apenas um chefe fechado com a cara no computador que nunca olha na cara de ninguém. Tenha parede ou não.

Os problemas de comunicação de uma empresa não podem ser resolvidos por um arquiteto bem-intencionado.

Acho que vale dar uma olhada neste gráfico criado pela Deloitte, na pesquisa *Culture of Purpose – Building business confidence; driving growth*, feita com mais de mil participantes ao redor do mundo.

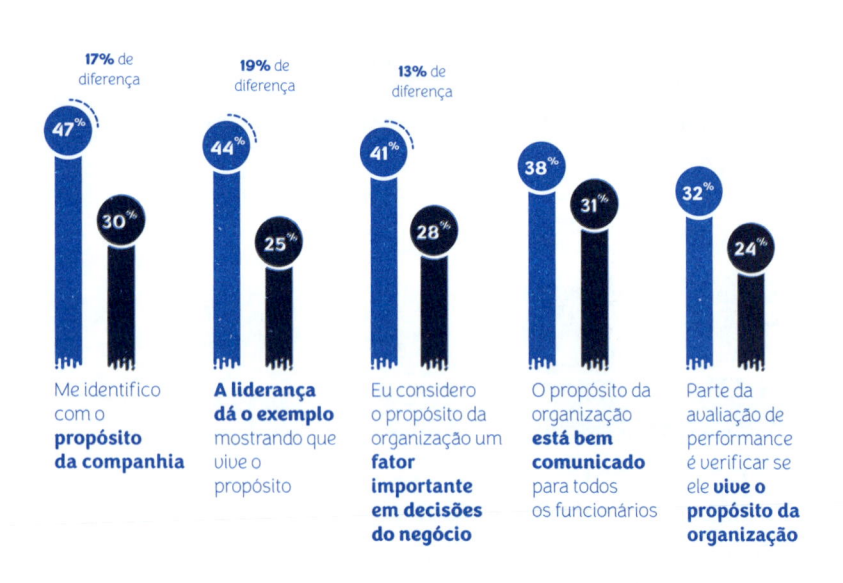

17% de diferença	19% de diferença	13% de diferença		
47% / 30%	44% / 25%	41% / 28%	38% / 31%	32% / 24%
Me identifico com o **propósito da companhia**	**A liderança dá o exemplo** mostrando que vive o propósito	Eu considero o propósito da organização um **fator importante em decisões do negócio**	O propósito da organização **está bem comunicado** para todos os funcionários	Parte da avaliação de performance é verificar se ele **vive o propósito da organização**

A diferença entre as colunas é bizarra, não é?
Mas faltou colocar as legendas!

Fizemos de propósito para ver se você adivinhava quem era quem.

As colunas em azul – e mais *altas* – são as opiniões dos executivos do alto escalão. As colunas em cinza – e mais *baixas* – representam o resto das pessoas.

Vou dar um segundinho porque sei que você vai querer voltar lá na página anterior e ver de novo.

〜

Ou seja, existe uma miopia geral entre como as pessoas enxergam a própria companhia. É quase como se, no mesmo lugar, existissem dois "Places to Work" diferentes. Mas só um deles é "Great".

Se as companhias estão falhando até em explicar o *motivo* do trabalho para a equipe, imagina quando entramos nos detalhes? Não é de se admirar que a Planview tenha descoberto que 44% do tempo das pessoas é desperdiçado fazendo trabalho duplicado.

Saber comunicar, no fundo, é a habilidade mínima.

É a linha fina que divide os líderes dos não líderes.

Lição **Nº 1**

falar **bem**
é diferente
de falar
muito.

Um relatório da McKinsey mostra que gastamos quase um terço do nosso tempo, todos os dias, cuidando dos e-mails.

Acho que você já sentiu isso, não? Quando dá duas da tarde, limpa a caixa de entrada e pensa:

– Prooonto! Agora posso começar a trabalhar!

Em qualquer organização, a quantidade de informações disponíveis é gigante. Memorandos, relatórios, documentos, prontuários, manuais, comunicados, registros, cadastros e o escambau.

Sem falar nas maravilhosas reuniões.

Segundo o estudo *Time wasters at work* da salary.com, 47% das pessoas (que vou apelidar carinhosamente de: metade) dizem que as reuniões são o maior destruidor da produtividade! A sensação geral dos 3.200 entrevistados é que dava para reduzir tudo pelo meio. Que o resto é só blá-blá-blá e desperdício.

Quem deseja ser um bom comunicador, portanto, precisa começar com uma palavra-chave.

Curadoria.

Os líderes são um canal de comunicação da companhia. Ouso dizer o principal. Por isso, têm a tarefa de direcionar o olhar das pessoas, dizendo: "Foque nisso. Isso é importante".

Definitivamente, não adianta ser aquela pessoa que coordena tudo só passando um PowerPoint de 250 slides e dizendo, ao final, "espero que vocês tenham pegado a ideia geral!".

～

Segundo a McKinsey, quase 30% dos profissionais passam uma hora por dia procurando as informações de que precisam para poder trabalhar.

Espera.

Acho que não ficou impactante.

Vou reescrever de outro jeito!

Hoje, dos doze meses pelos quais você paga o salário do seu time, um mês *INTEIRO* é perdido com o pessoal procurando arquivo na pasta.

Capiche?

Diminua o volume de informações.

Organize os dados.

Seja uma peneira!

Perigo: o viés da **confirmação**

Tenho um grande amigo que trabalha em uma grande consultoria de negócios. Não posso falar nem o nome do amigo, nem da grande consultoria de negócios.

Uma vez perguntei a ele:

– Bruno (nome fictício), afinal, o que é que você faz lá?!

– Eu pergunto para meu cliente qual a teoria dele. E, independentemente de qual for, eu provo matematicamente que ele está certo.

Se você procurar dados para dizer que o Brasil é um país maravilhoso, vai encontrar. Se você procurar dados para dizer que o Brasil é um país terrível, vai encontrar.

Selecionar informações é, também, colocar sua opinião pessoal. Aí que mora o perigo.

Um líder pode repassar para a equipe só o lado dourado da pílula, ou apenas as decisões da diretoria com as quais ele concorda.

Mas você não está lá para só dar boas notícias.

Você está lá para dizer as verdades que importam.

"Se você quiser fazer todo mundo feliz, não seja um líder, venda sorvete."
Steve Jobs

Para te ajudar, vamos terminar este tópico oferecendo a você uma ferramenta muito útil, o *Gráfico da Transparência*. Esse gráfico mudou minha forma de me comunicar com as pessoas, pois ele permite uma reflexão simples e profunda. Da até para fazer uma fórmula: T = S + P (Transparência = Sinceridade + Prudência).

Com ele dá para saber se você está na zona de equilíbrio.

Ou seja, se não é um "Sincericida" (aquele que fala a verdade doa a quem doer), nem está "Fazendo Campanha" (que esconde o que não devia).

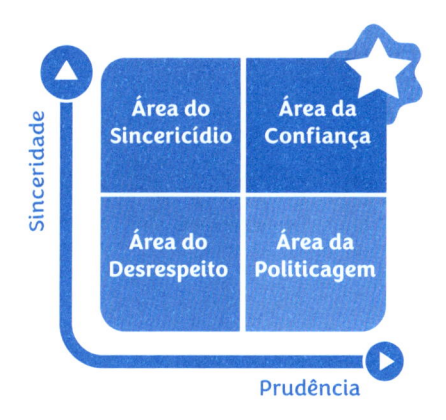

	Sinceridade ▲	
	Área do Sincericídio	Área da Confiança ★
	Área do Desrespeito	Área da Politicagem
		Prudência ▶

Lição **Nº 2**

não adianta
só comunicar
as tarefas.

também
é preciso
comunicar
as razões.

Para construir um GPTW (um Great Place to Work) você precisa basicamente de quatro letras.

G, P, T e W.

Todo mundo adora focar nas duas primeiras! Quem não curte um Great Place, não é? Só que um Great Place pode ser muita coisa. Um parque, um boteco, nossa casa com nossa família…

Pois é. Só que a empresa funciona apenas se tiver o "To Work" também.

E o trabalho só tem valor quando serve para alguma coisa.

Pesquisa Nacional GPTW 2021 questionou...
"Sinto que faço a diferença por aqui"

ÍNDICE DE FAVORABILIDADE DOS RESPONDENTES (em pontos percentuais):

Nas empresas premiadas

90

Como líderes, precisamos explicar para o pessoal do almoxarifado que a razão pela qual todas as caixas são carimbadas não é porque gostamos muito da cor do carimbo. É porque isso ajuda no controle de estoque e eleva a produtividade em 30%!

Como líderes, precisamos explicar para o pessoal da fábrica que a razão pela qual separamos as ferramentas em caixas diferentes não é mania de organização. É porque isso ajuda o colega do turno da noite a achar a chave de fenda.

Estou cansado de ver gente preenchendo planilha sem saber para que a planilha serve!

Estou cansado de ver dúzias de gestores trancados na sala comemorando os resultados e centenas de pessoas lá fora, sem saber os efeitos do próprio trabalho!

No GPTW isso é levado tão a sério que *absolutamente todas as pessoas* recebem relatórios diários dos números mais importantes da companhia.

Sim. Precisamos selecionar o que é importante.

E "para que serve seu trabalho", com certeza, faz parte dessa lista.

Lição **Nº 3**

não existe
receita
**da boa
comunicação.**

Os entrevistados ficavam lá fora, na sala de espera.
Os pesquisadores chamavam um por vez.
– Próximo!
A pessoa entrava na sala e respondia apenas a *uma pergunta*.
– Na sua opinião... Quem é o maior culpado pela poluição? O trânsito ou a indústria?
Centenas de pessoas depois, encerraram o expediente.
No dia seguinte, mais gente, e a dinâmica muito parecida.
Mas a pergunta era completamente diferente!
– Na sua opinião... Quem é o maior culpado pela poluição? A indústria ou o trânsito?
(Percebeu a mudança?).
Este estudo publicado por Dean Cleavenger e Timothy Munyon levantou uma lebre bem esquisita no mundo da comunicação.
Quando a pergunta era *"a indústria ou o trânsito"*, só 24% das pessoas achavam o trânsito o maior culpado. Depois que a questão mudou para *"o trânsito ou a indústria"*, o número subiu para 45%!
Ou, se você quiser, pode chamar de "quase o dobro".
Sim, a *localização* da palavra muda o impacto do que você diz.
Aliás, não só isso, o tom, o contexto, o volume, o ritmo...
A verdade é que, se a comunicação fosse um jogo, estaria mais para xadrez do que para o Banco Imobiliário.
A chance de dar errado é enorme! É tão grande que, no Laboratório Sabin, eles resolveram isso implementando uma prática chamada 5 a 7. Que eu, carinhosamente, apelidei de "Agora vai!".
Basicamente, quando um líder tem uma informação importante, precisa comunicar isso de 5 a 7 jeitos diferentes.

Uma reunião geral, ligações diretas, e-mail, qualquer coisa! Não importa. Desde que a informação vá por vários caminhos. Um deles vai pegar!

No GPTW gostamos tanto dessa ideia que até a copiamos. Mas fizemos de 3 a 5.

Somos humildes (e bem menores).

Não é só uma **questão de canal**, é uma **questão de perfil**

Mesmo que você diga a mesma coisa, do mesmo jeito, pessoas diferentes vão entender de jeitos diferentes.

Talvez, em parte, por causa disso a psicóloga Katharine Briggs e sua filha Isabel Myers tenham criado o modelo Myers-Briggs. Elas se basearam no livro *Tipos Psicológicos*, de Carl Jung, e chegaram a quatro "tipos" de pessoas.

Vamos supor que você, como líder, tenha uma má notícia para dar. Vai precisar anunciar isso para quatro Enzos.

O problema é que cada Enzo tem um perfil diferente!

O ideal é adaptar o seu jeito de falar.

Falando com o Enzo analítico
Metódicos. Movidos pela segurança, gostam de entender os detalhes. Detestam argumentação emocional sem dados. São mais lentos, porque precisam entender tudo tim-tim por tim-tim.

Quando for jogar a bomba, seja claro: "Enzo, não consigo aprovar sua promoção. Isso porque tivemos uma retração inesperada do mercado com a variação do dólar. Vou precisar de quatro meses para desenhar uma nova estrutura que faça sentido nesse cenário".

Falando com o Enzo pragmático

Movidos pelo desafio, são competitivos e diretos ao ponto. São negociadores que gostam de agir! O que procuram na vida? Duas palavras: custo-benefício.

Quando for jogar a bomba, seja prático: "Enzo, não posso aprovar sua promoção. Questão de mercado. Em quatro meses vou ter outra análise. Preciso que você mantenha o ritmo até lá".

Falando com o Enzo social

Movidos pelo desejo de aceitação, são amigáveis e flexíveis. Para não contrariar ninguém, têm dificuldade para dizer não. Comprometidos com o trabalho e, principalmente, com as pessoas.

Quando for jogar a bomba, seja próximo: "Enzo, você é uma das melhores pessoas com as quais eu já trabalhei! Seu comprometimento é uma inspiração para todo o time, inclusive para mim! Acontece que não tenho orçamento para aprovar a sua promoção. Vamos continuar com nosso trabalho em equipe, até outra oportunidade aparecer!".

Falando com o Enzo imaginativo

Movidos pelo desejo de reconhecimento, são sonhadores e criativos. Não têm medo de mudanças! Não têm medo de mudanças e são comprometidos com projetos de longo prazo. Gostam mais de intuição do que dos gráficos.

Quando for jogar a bomba, seja otimista: "Enzo, o momento econômico me fez segurar sua promoção. Sim, estamos em uma tempestade. Mas a tempestade passa! A estimativa é que, em quatro meses, a empresa vai estar MUITO MELHOR!".

A técnica da **checagem**

– Ajuda! Nós precisamos de ajuda!
– O que está acontecendo, capitão?
– O avião não está respondendo!

Um acidente aéreo, em 1935, mudou para sempre a história da aeronáutica.

A aeronave era o Boeing B-17, com quatro motores, a mais sofisticada da época. O que podia ter dado errado?!

Investigaram.

Descobriram que os pilotos se esqueceram de retirar as travas dos comandos antes de voar. Uma coisa tão simples, mas…

Assim, nasceu o checklist.

Se você for pilotar um voo comercial, precisa fazer o checklist. Ninguém vai perguntar quantos anos você tem de profissão, nem se você está acostumado com aquela rota, muito menos se você pilotou durante a guerra. Não importa se você tiver bigode, ou não. Tem que fazer o checklist e pronto.

A mesma premissa vale para a comunicação. Quando terminar de explicar algo, pergunte para a pessoa o que ela entendeu. Cheque o que ela assimilou daquilo tudo!

Sem essa checagem, toda comunicação fica na base do tomara.

Lição **Nº 4**

nada comunica mais do que **a atitude.**

Suas atitudes comunicam mais do que suas palavras.

Então, não adianta *dizer* para sua equipe que eles precisam se preocupar com segurança se você anda com eles no carro sem usar o cinto.

A equipe é um espelho da liderança. Quer ter um time transparente, engajado e leve? Então adivinha como você deveria se comportar…

O estudo CSR, da Cone Communications Millennial, mostra que 91% dos entrevistados da Geração Y trocariam de marca para uma que possui responsabilidade social.

E 70% deles estão dispostos a pagar mais por produtos dessas marcas!

Concluiu-se, inclusive, que 62% aceitariam *um salário mais baixo* para trabalhar numa empresa dessas!

Então, se eu *quisesse* argumentar que as empresas deveriam se preocupar com práticas sociais e ambientais, eu teria bons argumentos.

Por sorte. Eu quero.

E, acredite, não vou falar sobre "como devemos investir em ESG para o valor do *branding*". Desculpe, não existe sustentabilidade que se sustente se é pura propaganda.

Nada contra. Mas, quando é assim, elas ficam sujeitas às épocas de vacas gordas, ou a algum diretor mais empolgado. Normalmente duram um curto prazo e são cortadas quando precisa ajustar o orçamento.

O que eu quero falar é de como essas práticas interferem na liderança.

Vamos dar aquela **espiadinha?**

Toda vez que você olha pela fechadura do Big Brother Brasil, saiba que está espiando por um produto Pormade. É a empresa que fabrica as portas da casa mais vigiada do país.

A companhia, claro, atua sempre ao lado das florestas (a matéria-prima deles, literalmente, cresce em árvore). Por isso, começaram a enfrentar um problema grande!

As esposas dos operários não tinham muitas oportunidades de emprego, pois a pequena cidade era um polo madeireiro.

Sabe qual ideia a liderança teve para resolver a situação?

Nenhuma. Então, foram perguntar para as próprias mulheres!

– Pessoal, o que podemos fazer para resolver essa situação?

No final, criaram um projeto junto ao Sebrae.

Uma "Empresa B" em que as esposas receberam treinamento técnico e comercial para transformar as sobras de madeira que eram jogadas fora em produtos de artesanato.

As famílias aumentaram a renda.

A produtividade aumentou.

Isso é pensar responsabilidade social como parte do negócio.

Outro exemplo! Quando o Itaú cria encontros de mulheres empreendedoras, ele não está só fazendo diferença no mundo. Ele está fazendo diferença no *business*!

Mais empreendedoras? Mais empresas.

Mais empresas? Mais investimento.

Mais investimento? Mais gente precisando de crédito.

Nos dois casos, mandaram bem na prova do líder.

E o que diacho isso tem a ver **com comunicação?**

Ué.

Eu não falei que as atitudes são a melhor forma de comunicar?

Isso não vale apenas para as atitudes das pessoas físicas, mas também para as atitudes da pessoa jurídica. A forma como minha empresa se comporta afeta meu comportamento.

Não adianta querer uma equipe trazendo ideias em uma empresa que não renova o produto há 24 anos.

Não adianta querer um time preocupado com o cliente se a empresa usa o CRM da época do meu avô (vale lembrar, na época do meu avô nem existia CRM).

Isso vale para tudo! E as ações sociais que são *parte do negócio* também são uma excelente forma de comunicar para o time como aquele *business* funciona.

A Accor é o maior grupo hoteleiro do mundo, com mais de 5.000 hotéis em mais de 100 países.

Agora, vamos medir isso em custo-toalha!

Provavelmente eles lavam mais toalhas por dia do que eu já lavei em toda a minha vida adulta. E eu tomo banho duas vezes ao dia, ok?

Só na América do Sul, para facilitar a conta, estamos falando de mais de R$ 4 milhões gastos em lavanderia.

Para minimizar isso, pediram para o pessoal da limpeza deixar, nos quartos, o seguinte recadinho: "Para cada dia que não lavamos uma toalha desnecessariamente, uma árvore é plantada".

Qual das opções você acha que tem mais efetividade para o pessoal da limpeza não se esquecer de deixar o recadinho?

a) Levando todo mundo para conhecer centenas de milhares de árvores plantadas que formaram uma nova floresta na Serra da Canastra?

ou...

b) Mandando um e-mail rápido no final do dia?

Ainda bem que eles foram na primeira.

Resumindo!

1º Comunicar não é **tagarelar**

Palavras também obedecem à lei de oferta e demanda. Se você fala demais, isso tem pouco valor. Escolha bem as informações que sua equipe deve saber. Se *tudo* é importante, *nada* é importante. Use o Gráfico da Transparência como um medidor.

2º Comunicar também é dar o **motivo**

Explique para sua equipe o que precisa ser feito. Mas também diga o efeito que isso vai causar! Ninguém aguenta fazer uma coisa só "porque sim" durante muito tempo.

3º Comunicar é se **adaptar**

Cada pessoa tem um estilo de comunicação. Repetir a mesma receitinha com todo mundo não vai adiantar! Adapte sua fala para cada indivíduo. Use os perfis Myer-Brings para isso!

4º Comunique, principalmente, com as **atitudes**

Como você se comporta? E como sua empresa se comporta? Como líderes, precisamos estar alertas para os exemplos que damos. Eles são a mais poderosa ferramenta de comunicação.

greatleadertowork.com/comunicar

Acessando este QR Code você poderá
fazer uma **autoavaliação** para saber,
afinal, se é um líder que sabe se
comunicar bem.

Guardei essa para o final...

– Senhor, o que devemos dizer para a equipe?

Essa foi a pergunta que Luiz Calil, então CEO da Caterpillar Brasil, teve que responder, no meio da crise financeira de 2008.

A resposta foi ter uma comunicação clara e direta.

Primeiro: deveriam explicar o que é essa crise. Falar que os bancos estavam limitando crédito. Sem crédito, não tem obras. Sem obras, não tem máquina. Sem máquina, não tem Caterpillar.

Segundo: dizer tudo que devia ser feito para tentar virar o jogo. Metas rígidas, acompanhamento firme.

Terceiro: falar abertamente: sim, se o plano não der certo, teremos demissões.

Meses depois...

– Senhor, o plano não deu certo. O que devemos dizer para a equipe?

A decisão foi abrir um programa de demissão voluntária.

Por um lado, não cria inimizade alguma, pagaram absolutamente tudo que podia ser pago. Por outro, só fica quem realmente está comprometido com o resultado!

Meses depois...

– Senhor, não teve o resultado. O que devemos dizer para a equipe?

Que iam demitir.

E com clareza, com base nos resultados.

Ofereceram cursos e indicações para quem foi cortado. Preservaram, também, os mais velhos de casa, próximos de se aposentar. É justamente quem custa mais caro, mas ninguém vai confiar em uma empresa que manda embora quem ajudou a construir aquele lugar.

Um ano depois... Um terço das pessoas havia sido desligado.

Fizemos a pesquisa de clima do Great Place to Work. E acho que muita gente ficaria surpresa se a empresa estivesse na lista das Melhores Empresas para Trabalhar.

Bom...

A Caterpillar foi eleita a Melhor Empresa para Trabalhar do Brasil no ano de 2009.

Sim, a número 1!

~

Com essas lições você terá uma comunicação *de valor* com seu time. Mais direta, mais verdadeira.

Mas, agora, vou precisar ser direto e verdadeiro com você.

A conexão mais importante não está na troca de informações.

A conexão mais importante é a *emocional*.

Ter um líder que se comunica com clareza é bem bacaninha.

Mas o próximo passo do **LEADERSHIP MAP** é para quem quer ser um líder inspirador.

INSPIRAR

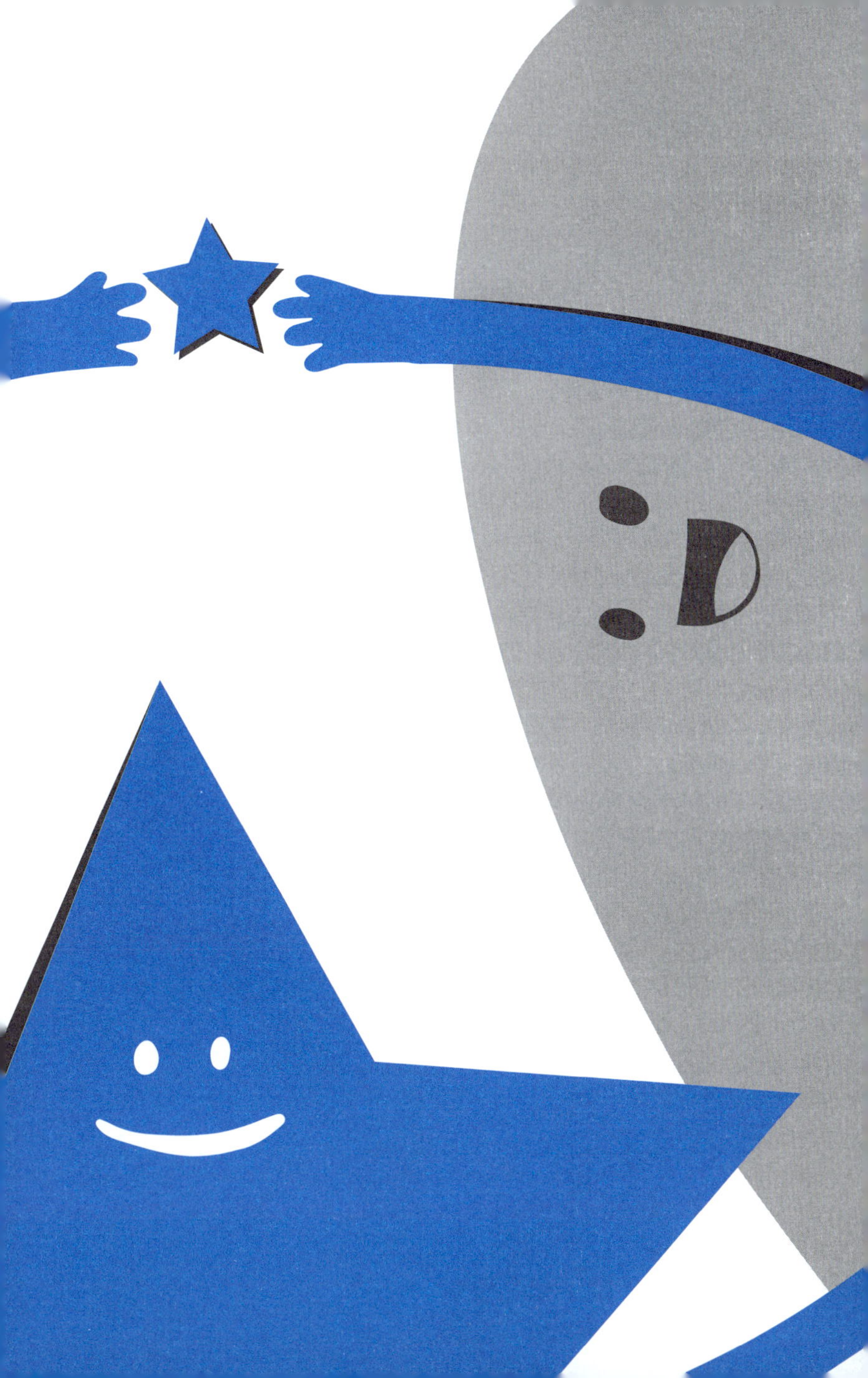

— Você sabe dar nó de gravata?

— Clóvis, eu sou mulher.

— E daí que você é mulher?

— E daí que quem tem que saber dar nó de gravata é o homem!

— Ué! Mas é você, que tá de fora, que tem uma visão melhor do negócio!

O Teatro Municipal de São Paulo, sem dúvida, é um dos pontos mais importantes da cidade. Um edifício lindo, construído em 1911, com capacidade para 1.534 pessoas. Ele viu o vizinho, Mappin, chegar e ir embora (não se lembra do Mappin no centrão? Ah, seu millennial!). Recebeu a maioria das óperas mais importantes do mundo, desde *O Barbeiro de Sevilla* até *La Traviata*, e foi palco para gente como Mário de Andrade, Heitor Villa-Lobos e Ella Fitzgerald.

Mas a história que estamos contando aqui é a do Clóvis.

— Você tá linda.

— Clóvis! Eu não *tô* pronta!

— Por mim, tá. Mas, se você quer ficar linda e meio, beleza.

— Falta a echarpe!

— Que que é echarpe?

No começo deste século, o teatro tinha caído em uma categoria chamada: "Prédio velho". Estava todo corroído, sujo, abandonado. Feito um sofá antigo no meio da sala, que um dia tinha sido bonito, mas acabou virando um centro de juntar pó. Grande demais para mandar embora, ocupando espaço.

A prefeitura resolveu resolver. Nisso, foram cinco anos de trabalho duro. Tudo feito atrás dos tapumes, um mistério só!

Finalmente chegou a noite de inauguração.

E para este evento de gala, o convidado principal não foi o governador, nem o Papa, nem o Antônio Fagundes.

O convidado principal foi o Clóvis.

— E o sapato?

— Eu não tenho sapato.

— É claro que você não tem sapato, Clóvis. Veio junto com o terno que o Caiçara te emprestou.

O público selecionado para a reinauguração do Teatro Municipal de São Paulo foram os próprios operários que realizaram a reforma.

Sim. Evento fechado para pedreiros, marmoristas e gesseiros. Exclusivo para pintores, carpinteiros e serventes. Especial para eletricistas, ladrilheiros e encanadores.

Todos ali, usando traje fino, assistindo a uma ópera pela primeira na vida.

Mas, ainda mais importante que isso... Suas famílias.

— Eu nunca vi um negócio tão lindo assim, Clóvis.

— Lindo e meio!

A noite terminou com um *tour* pela construção. Os próprios operários puderam mostrar para seus filhos o trabalho que eles fizeram! O lustre da Sala de Concertos com mais 7 mil cristais, ou o órgão de 5.827 tubos. Tudo arrumado, tudo funcionando, pronto para enfrentar mais um século.

Obrigado, Clóvis.

Lição **Nº 1**

inspirar
é mais
que informar.

Inspiração > informação

Todo mundo quer encontrar sentido no trabalho. E sentido, olha só, vem da palavra *sentir*. Uma coisa é entender, outra coisa é sentir.

Saber que preciso apertar um parafuso é diferente de *querer* apertar o parafuso. O nível de atenção, dedicação e cuidado tende a ser muito maior! Qual obra fica mais bonita? Aquela que o chefe vai inspecionar no final, ou aquela que *sua família* vai inspecionar no final?

É por isso que, hoje em dia, não dá para zapear o LinkedIn sem encontrar a palavrinha propósito.

Propósito significa assimilar, basicamente, duas coisas. Primeira, "por que eu faço". Segunda, "**por que** eu faço". Não reparou a diferença? A diferença é o negrito.

"Por que eu faço" (sem negrito) é quanto minha ação pessoal impacta em uma cadeia de processos. Aqui, apertamos os parafusos para que as cadeiras fiquem bem firmes.

"**Por que** eu faço" (com negr... ok, você entendeu) é quanto minha ação pessoal *transforma a vida de alguém*. Aqui, apertamos os parafusos para dar segurança para quem se sentar na cadeira. Pode ser um velhinho de 80 anos!

Inspiração ≠ felicidade

Não, líder, sua função não é fazer ninguém feliz.

A felicidade de cada pessoa é responsabilidade *dela*. Não caia na tentação do querer agradar todo mundo, até porque isso não ia funcionar nem na base da cosquinha.

Segundo um estudo de 1998, feito na Universidade de Minnesota, 50% da nossa felicidade tem origem genética. É isso mesmo. Tem pessoas que nasceram mais dispostas à felicidade, outras não. Gente que vai ver o copo meio cheio, gente que vai ver o copo meio vazio. E gente que nem vai querer levantar para ir ver o copo!

Também não gostei de saber disso. Mas não brigue comigo, brigue com os cientistas.

Certo, metade é genética. E a outra metade?

É aí que fica interessante.

Apenas 10% das causas estão ligadas ao nosso contexto! Emprego, saúde, status, alta do dólar... Todas essas coisas pelas quais a gente passa a vida batalhando compõem uma porcentagem bem pequena do índice de felicidade final. Essa é a explicação para tantas pessoas bem-sucedidas e infelizes.

Sobraram 40%, certo?

Esse volume está ligado àquilo nomeado pelos pesquisadores de *Comportamento Intencional*. São as ações do dia a dia responsáveis pela nossa felicidade de rotina. Ou seja, o segredo é dar *intencionalidade*, dar motivo, dar propósito para nossas ações.

Então não, como líder, você não pode ser responsável pela felicidade do outro.

Mas pode ajudar para um caramba em 40% dela!

Tem um **exemplo?**

Até dois!

A Mars é uma daquelas empresas que, na verdade, são várias. Do tipo que, vez ou outra, você descobre que alguma coisa que você compra/gosta é deles também.

Na divisão de alimentação para animais, por exemplo, tem marcas que vão desde a Pedigree até a Royal Canin, passando pela Whiskas. (Lembra do slogan? *"8 entre 10 gatos preferem Whiskas"*. Inesquecível! Até hoje me pergunto como foram as entrevistas com os gatos!)

O que a liderança fez para inspirar o pessoal?

Um petcenter!

Cada pessoa da equipe "apadrinha" um cachorrinho ou um gatinho e vai visitá-lo uma vez por semana. Participa de atividades e ajuda na sociabilização do animalzinho.

No processo, todo mundo sente, na veia, o tipo de vínculo emocional que se cria entre o dono e o pet. Quantos memorandos ia precisar para explicar um negócio desses?!

Na John Deere fizeram algo muito parecido!

Você tem ideia de quanto custa um trator? O preço pode ir para a casa das centenas de milhares de reais. Mas vamos pegar um modelo pequeno da Série 5E, por exemplo. Um modelo de 2019, usado, está custando por volta de R$ 70.000.

Muitas vezes os compradores são corporações gigantes ou senhores latifundiários. Mas, cada vez mais, o público é formado por pequenos agricultores familiares. Gente que mora no mesmo lugar que planta. Gente que vai parcelar o veículo a perder de vista, porque sabe que um tratorzinho desses pode mudar a vida da família.

Daí, procuraram um jeito de explicar isso para o pessoal da fábrica.

Foto?

Textinho?

PowerPoint?

No final, veio a sacada.

Criaram um processo em que os *próprios operários* que fabricaram o trator entregariam a encomenda!

Assim eles podiam ver, ao vivo, o sorriso orgulhoso do agricultor recebendo o material. Presenciar as crianças saindo no quintal, empolgadas, para ver o trator sendo desempacotado.

Eu mesmo vivi uma história parecida!

Nunca entreguei um trator na vida, nem ia visitar semanalmente cachorrinho nenhum. Mas um dos primeiros empregos que tive foi em um grande hotel, um dos mais importantes do mundo, acostumado a receber gente como Luciano Huck e Madonna.

Na época eu morava em São Bernardo do Campo, na casa dos meus pais. Era um apartamento pequeno de cômodos pequenos. Dividia o quarto e beliche com minha irmã. Seguindo algumas regras de convivência, tudo ia bem...

Apertadinho. Mas bem.

Um dia meu líder me premiou com um programa da companhia. Ganhei uma diária no hotel! Coisa simples, né? Um monte de quartos vazios, o que custava colocar uma pessoa ali para dormir? Literalmente nada.

Mas esse investimento de zero real mudou, para sempre, a *forma* como eu dizia para os clientes que eles teriam uma boa estada.

Afinal... você lembra a primeira vez que dormiu em uma cama *king size*?

Eu lembro.

Lição **Nº 2**

não adianta inspirar só **meio time.**

> "Trabalhar é buscar, diariamente, um significado tanto quanto o pão de cada dia. Por reconhecimento e, também, por dinheiro. Por admiração em vez de torpor e, em suma, por uma vida. Não por uma espécie de morte de segunda a sexta."
>
> *Studs Terkel, autor de* Working, *em tradução livre.*

Uma vez eu estava realizando uma palestra e coloquei essa frase estampada no slide, lindamente projetada. Terminei de ler e dei aqueles segundinhos de silêncio, estratégicos para deixar o clima rolar um pouco.

Daí, na sequência, falei uma besteira.

– Por isso, pessoal, os jovens precisam ter um *propósito*. Algo que guie o caminho que eles vão percorrer.

Um senhor de mais ou menos uns 200 anos, sentado lá no fundo, levantou o bracinho e, com uma vozinha bem aguda, gritou:

– Ei! Eu sou *véio*, mas eu também quero ter um propósito!

~

Propósito. Sentido. Significado.

Nada disso é exclusivo a uma faixa etária, ou um gênero, ou uma etnia e nem uma classe social.

São condições humanas. Deveriam, portanto, estar disponíveis para toda a nossa espécie. (Não sei se os animais têm propósito. Não conheço as aspirações emocionais de um guaxinim. Então deixarei o assunto para outro especialista.)

Como líder, portanto, precisamos tomar cuidado para não ter uma empresa que faça sentido para uns, mas não faça sentido para outros. Isso acontece onde você trabalha? Pergunto porque, olha, é bem comum.

Às vezes a separação é hierárquica, às vezes é por departamento. Às vezes o propósito da empresa fica guardado só no *pitch* do comercial, que usa isso para encantar a clientela. Mas quem entrega, mesmo, só faz porque mandaram.

Os impactos disso são devastadores.

Quer ver?

Pense num hospital. Uma das principais causas de morte em um ambiente desses, ao contrário do que muita gente imagina, é a infecção hospitalar. Segundo a Organização Mundial da Saúde, perdemos assim um milhão de pessoas por ano.

Ou seja, a pessoa que, diretamente, salva mais vidas não é o cardiologista, nem o oncologista, nem o otorrinolaringologista.

É o faxineiro!

Se a equipe de limpeza não estiver comprometida, engajada, fazendo as coisas direitinho, tudo desanda.

E aí? E se a sua empresa fosse um hospital? *Todos* estariam empenhados na missão?

Os pacientes estariam vivos?

"Trate sempre os seus funcionários exatamente como quer que eles tratem os seus melhores clientes."
Stephen Covey

Existem vários indicadores para descobrir se você, como líder, está fazendo um bom trabalho em democratizar a inspiração na sua equipe. Dá para medir, por exemplo, pelo empenho de cada um! Gente inspirada costuma se engajar mais. Dá para medir pelo brilho nos olhos. O famoso maestro Benjamin Zander, em um dos meus TED Talks favoritos, pergunta: "Quantos olhos brilhando você tem à sua volta?".

Mas uma das medidas que eu mais gosto de usar, por ser de fácil compreensão, se chama... dinheiro.

O Institute for Employee Studies resolveu checar se essa ideia de *investir no comprometimento* da equipe vale a pena. Fizeram aquela conta básica do "Quando eu ponho" *versus* "Quanto eu tiro".

É uma preocupação justa! Afinal, colocar *budget* na satisfação dos outros parece um mercado de altíssimo risco!

O resultado?

Em média, no mercado americano, aumentar o investimento em engajamento em 10% aumenta os lucros em aproximadamente US$ 2.100.

Por funcionário.

In your face.

O experimento
do doutor Adam

O psicólogo Adam M. Grant, que foi o mais jovem professor titular da história de Wharton School of the University of Pennsylvania, resolveu fazer um experimento.

Para isso, conduziu uma pesquisa com um grupo de telemarketing. Eram as pessoas responsáveis por ligar para ex-alunos da universidade e pedir doações para a instituição. *"Oooi, sumido!* Então… Lembra aquele lugar que te tornou a pessoa que você é hoje?! Pois é!"

(O *approach*, claro, não era assim. Mas acho que deu para ilustrar a ideia.)

Esse grupo de "telefonistas" nunca tinha tido a chance de conversar ao vivo com um bolsista. Ou seja, de interagir com quem ia *receber* aquele dinheiro.

A ideia foi bem simples.

Deram, para eles, dez minutos! Só isso. Dez minutinhos para conversar com um aluno e saber como era isso de ganhar uma bolsa paga por um doador. Dez minutos cheios de frases desse tipo: "Eu sou a única pessoa da minha família que vai ter um diploma universitário"; "No bairro onde eu moro todo mundo acaba trabalhando como entregador. Eu também! Mas meu sonho era ser médico"; "Quando eu contei pra minha mãe ela começou a chorar".

Um mês depois, o grupo que recebeu essa "dose de ânimo" simplesmente dobrou a quantidade de dinheiro arrecadado.

E, com isso, temos um belo artigo científico publicado e, ao mesmo tempo, mais dinheiro para a universidade.

Espertinho esse doutor Adam!

Então… não.
Propósito não deveria ser privilégio de diretoria.

Propósito não deveria ser exclusividade da liderança.

Propósito não deveria ser coisa de *brand book*.

Inspiração é a carga de energia mais poderosa que uma companhia pode ter. É, *literalmente*, o ar que enche os pulmões para começar o dia. Do CEO ao faxineiro!

Aliás, já que voltamos a falar neles...

Certa vez, lá no meio dos anos 1960, o presidente americano John F. Kennedy resolveu inspecionar as operações da Nasa. Conheceu os protótipos, as salas de monitoramento, as espaçonaves e a equipe de cientistas.

Passando pelo corredor, viu uma pessoa da limpeza.

Daí, puxou conversa, só para ser simpático.

– E você, rapaz? Tá fazendo o que aí?

O homem, sem soltar da vassoura, olhou para o presidente e respondeu...

– Eu? Eu estou levando o homem pra Lua.

Lição Nº 3

missão **intangível,** caminho **tangível.**

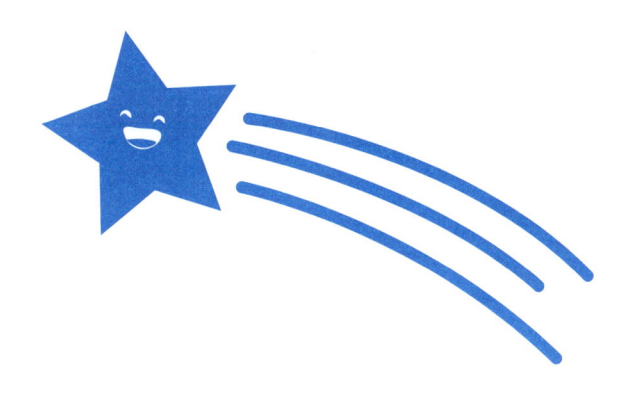

Inspiração não é sinônimo de papinho.
Mas, às vezes, parece.
Parece porque, por definição, é algo que ainda não existe. Algo que precisa ser feito!
Não faz sentido, claro, ter uma missão se ela já foi realizada.

– A nossa missão é eliminar a malária do território nacional!
– Mas não existe mais malária no território nacional.
– Eita, não?
– Não.
– Ixi… Vambora, gente.

"A utopia está lá no horizonte. Me aproximo dois passos, ela se afasta dois passos. Caminho dez passos e o horizonte corre dez passos. Por mais que eu caminhe, jamais alcançarei. Para que serve a utopia? Serve para isso: para que eu não deixe de caminhar."
Fernando Birri

Por isso, como líderes, precisamos trabalhar para dar *solidez* a essa ideia tão distante.
Uma forma bem simples é apresentando para o time o Telescópio da Missão.

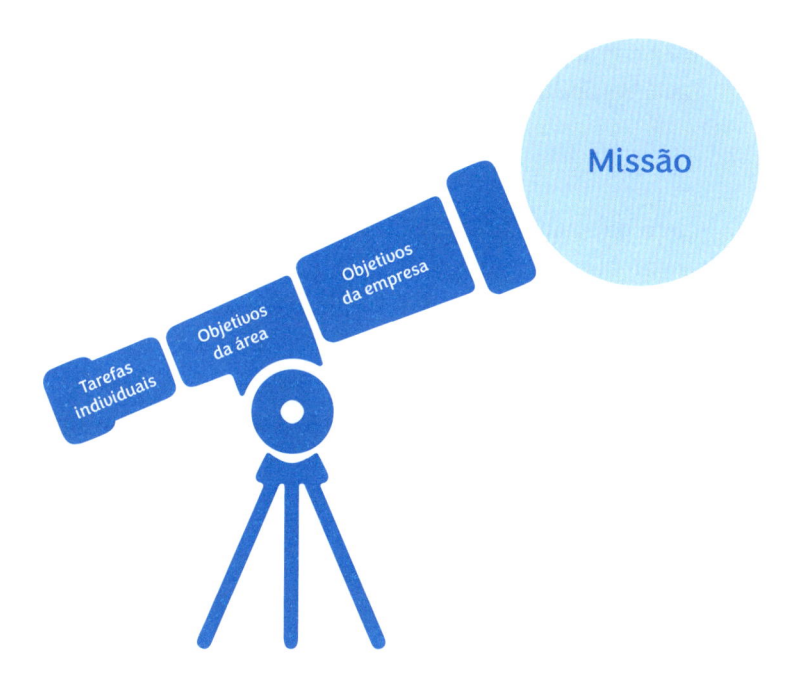

Tarefas individuais
Como o que eu faço impacta nos objetivos da área?

Objetivos da área
Como os objetivos da área impactam nos objetivos da empresa?

Objetivos da empresa
Como os objetivos da empresa fazem diferença no mundo?

Você conhecia o Telescópio da Missão?
E sua equipe, vai continuar sem conhecer?

~

Claro que nada disso garante que as pessoas do seu time vão se identificar com a causa que a empresa defende.

Você pode provar por A + B que o trabalho do almoxarifado vai salvar a Floresta Amazônica, mas a pessoa pode simplesmente pensar: *Poxa, essa coisa da floresta não é comigo!*

Funciona como um casal de namorados dividindo um apartamento.

A pessoa física e a pessoa jurídica, assim como o par de pombinhos, convivem por um tempo para ver se os interesses combinam, se eles têm as mesmas demandas.

Pode ser que a coisa flua e que eles sejam muito felizes juntos!

Pode ser que a coisa não flua e eles se separem. Até aí, tudo bem também! O verdadeiro perigo não é a pessoa ir embora.

O verdadeiro perigo é ela ficar só por ficar.

Interrompo o livro para pedir **desculpas**

Temos que seguir em frente com as lições que fazem da inspiração uma prática que pode ser realizada como um *Giftwork* da liderança. Então não posso parar agora para responder a uma pergunta que escuto muito: "Como faço para saber qual é o *meu* propósito?".

Mas uma pista está em uma história desconhecida por trás do filme...

Divertidamente, da Pixar

– E o Oscar vai para...

O apresentador deu aqueles mesmos segundinhos de pausa que eu faço na palestra! Para criar uma tensão.

– *Divertidamente*!

A equipe da Pixar, na plateia, ficou vibrando. Um punhado de gente se abraçando, se beijando, uma loucura. Pete Docter, o escritor, subiu no palco e pegou a estatuazinha dourada.

Tantos anos de trabalho...

Pronto! O Oscar! O maior prêmio da indústria audiovisual.

O auge.

O topo.

O limite.

Mas, mesmo assim, foi para casa como sempre ia. Esquentou a comida no micro-ondas como sempre esquentava. Deitou-se no colchão de sempre com o mesmíssimo velho cobertor.

A vida não tinha se transformado, as coisas não tinham virado cor-de-rosa. Em termos práticos, a única verdadeira mudança é que precisou rearranjar os objetos na estante.

Foi nesse momento que Pete percebeu que a vida está aí para ser vivida, não para ser conquistada.

Propósito não é algo estático, não é imutável, não é registrado em cartório junto com o título de eleitor. *Propósito é um relacionamento.*

Um relacionamento entre uma pessoa e uma ideia.

Não importa se ele vai durar muito ou pouco tempo, o importante é que, enquanto existir, seja verdadeiro e tangível.

Isso depende de uma postura de liderança.

A parte que ninguém olha no *Golden Circle*

Você já ouviu falar do círculo dourado, criado pelo Simon Sinek? Só para dar uma ideia, quando terminava este livro, o vídeo em que ele explica o método já tinha mais de 13 milhões de visualizações na internet.

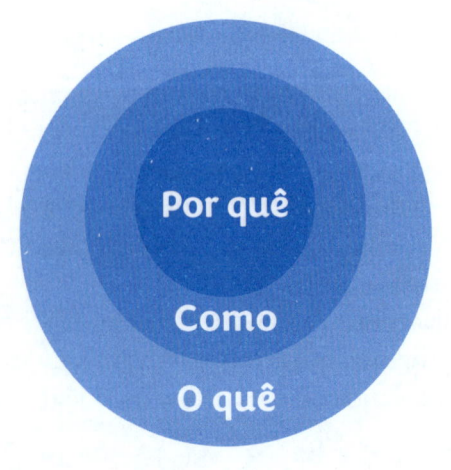

A ideia, quando surgiu, foi arrebatadora. Companhias de todo mundo começaram a colocar *Por quê* no centro das ações da organização, deixando os produtos, serviços e entregas como uma consequência, *O Quê*.

Agora, nesse ínterim, a parte da qual menos se fala é a do meio!

Como fazemos.

Fundamental no esquema, ali moram todas as metodologias de desenvolvimento. E, além disso, nessa camada do bolo também fica outra ferramenta da liderança…

Os **valores**

Inspirar as pessoas não significa apenas olhar para a Missão.

Também significa olhar para os Valores. Que, diga-se de passagem, deveriam ser bem mais próximos, presentes na rotina.

Sim! A pessoa não precisa ser inspirada "apenas" pela diferença que seu trabalho faz no mundo, mas também pela *forma* como ele é feito.

– Uma coisa eu não posso negar, minha empresa é honesta!

– Uma coisa é fato, o pessoal aqui dá o melhor de si!

– De uma coisa eu me orgulho, meu time sempre inventa uma saída nova!

Ética, dedicação, criatividade…

A *forma* de trabalhar deve, com certeza, ser motivo de inspiração.

A liderança da Kimberly-Clark encontrou um caminho bem legal para propagar isso. Criaram o Oscar dos Valores. Os departamentos enviam os indicados e o vencedor é quem viveu a melhor história que mostra como tem aquele valor na prática.

Sacada interessante, não é?

Mas espera só para ouvir a história do Jeroslau.

A história do **Jeroslau**

O ano era 1978. Um Brasil tentando se ajeitar, discutindo o final do AI-5 e a criação de um estado novo chamado Mato Grosso do Sul.

No meio dessa confusão, o filho de imigrantes Jeroslau Pauliki, com trinta e poucos anos, estava em um dilema.

– A lojinha de móveis que nós abrimos só vai dar certo se a gente tiver um caminhãozinho pra entregar.

– E esse caminhão vai sair de onde? A gente é simples! Todo dinheiro que tinha foi pra conseguir as mercadorias.

– Eu sei! Mas ninguém vai querer comprar um sofá e ter que levar no lombo!

– Vai fazer o quê então?

– Vai doer muito. Mas vou vender o carrinho da família.

O carrinho em questão era uma Brasília. Cor laranja, placa PI-4004, modelo LS. A mecânica para abrir os vidros era chamada "força do braço". No lugar de retrovisor direito, usava-se bom senso.

Mas andava!

Subia ladeiras, era o que importava.

Anos depois, aquela lojinha virou um dos maiores conglomerados empresariais do país. As Lojas Mercado Móveis têm centenas de unidades espalhadas pelos estados do Paraná, de Santa Catarina, São Paulo e (adivinha?) Mato Grosso do Sul.

E a Brasília? Foi comprada de novo.

Está lá, na recepção central. Inspirando todo mundo, logo de manhã. Lembrando que ali se trabalha com o valor da simplicidade.

Um exemplo do próprio GPTW:
o companheiro Tom

Ruy Shiozawa é o CEO do Great Place to Work Brasil. Descendente de japoneses, cabelo cinza e sempre sorrindo. Duvida? Vai no Google Imagens e digita: Ruy Shiozawa.

Viu? Sempre sorrindo!

Uma vez, em uma reunião geral da empresa, a gente emendou uma conversa sobre a história política do Brasil. Nesse momento o Ruy começou a contar sobre como era a vida dele no meio de uma bagunça chamada ditadura militar.

～

Documentalmente, a ditadura brasileira tinha 283 formas diferentes de torturar prisioneiros políticos. Além dos milhares de pessoas que passaram por isso, muitos foram simplesmente assassinados pelo governo.

Para tentar se opor, nasceram os grupos de resistência dentro das universidades.

– Eu queria participar do encontro da luta contra a...

– Cala a boca! Não precisa falar em voz alta. Pode ter alguém perto.

O novato, todo empolgado, era um moleque descendente de japoneses, cabelo preto, sempre sorrindo. Seu nome era Ruy.

– Seu nome não é mais Ruy! A partir de agora você é...

E, ali, recebeu um codinome.

– A gente se vê às 19h, no Crusp*. Prédio 4, número 48.

Chegou lá e se encontrou com os outros revolucionários. Em silêncio, sentaram-se nas cadeirinhas. Pelo protocolo, antes de tudo, precisavam se apresentar com seus codinomes.

Só tinha um problema.

O Ruy não lembrava o dele!

O pessoal ia passando e ele ficando aflito. Ia ser enxotado para fora logo no primeiro dia?! Tentava lembrar, desesperado! Mas, por alguma razão, a única coisa que passava na sua cabeça era o desenho do Tom & Jerry!

– E você, companheiro? Quem é?

Silêncio.

Silêncio.

Mais silêncio.

– Eu sou o companheiro Tom. Me apresentando para a luta.

A sorte é que ninguém lembrava o codinome dele também. Ficou sendo companheiro Tom para o resto da ditadura militar.

~

Foram anos de greves, batalhas e operações até aqueles estudantes ajudarem a devolver a democracia para o Brasil.

Décadas depois, Ruy visitou o antigo DOPS, lugar que comandava as perseguições políticas e os assassinatos em nome da ordem e política social.

---

* Moradia estudantil dos universitários da USP desde 1960.

No meio da documentação encontrou uma ficha sua.

Tinha até a foto! Tudo registrado por um espião do governo.

Ou seja, ele "passou por pouco". Estava na lista de gente que as autoridades prefeririam que desaparecesse.

Quando o Ruy estava terminando de me contar essa história, pensei uma coisa que nunca disse para ele (bom, agora ele vai descobrir, lendo este livro)...

Quando eu nasci, a ditadura já não existia. Era coisa de livro paradidático ou de novela da Globo. Isso, em grande parte, graças àquela garotada maluca que teve coragem de enfrentar o mundo.

Que inspiração trabalhar com um cara que tem os mesmos valores que eu! Que acredita nas mesmas coisas que eu!

Que inspiração e orgulho trabalhar com o companheiro Tom.

Resumindo!

1º Inspirar é maior que **informar**

Informar é garantir que a pessoa saiba o que deve fazer. Inspirar é dar sentido para essa ação! E com "sentido" estamos falando de "sentir". Estamos falando de envolvimento emocional. É mais do que um memorando, é tornar aquilo memorável.

2º Inspire a **todos**, não só uma parte

Ter um time em que só metade acredita na missão é altamente tóxico. Aliás, pior que tóxico! É cáustico. Cria uma instabilidade que, por diversos caminhos, vai ruindo a organização. A função do líder (também) é democratizar esse sentimento.

3º Não é só a missão que inspira, os **valores** também!

A forma como uma equipe trabalha pode – e deve – servir como fator inspiracional. Não se esqueça de que um pequeno time de basquete do interior que fica em segundo lugar do Campeonato Nacional pode sair mais aplaudido do que o campeão só pela garra e humildade com que jogou.

greatleadertowork.com/inspirar

Acessando este QR Code você poderá fazer uma **autoavaliação** para saber, afinal, se você é um líder que sabe **inspirar as pessoas.**

Guardei essa para o final...

Quando o senhor Walter Elias Disney abriu seu parque de diversões, na década de 1950, construiu, em meio à cidade cenográfica, um escritório pessoal.

Sempre que estava por lá, deixava o abajur aceso ao lado da janela. Assim, os funcionários sabiam – vendo a luminária – que ele estava ali, caso quisessem falar sobre algum assunto.

Quando ele morreu, ficou decidido: o abajur ficaria para sempre aceso. Como inspiração. Como um símbolo de que o criador daquele lugar especial, de alguma forma, estaria sempre lá.

~

Tudo alinhado.

Agora sua equipe sabe *o que* e *por que* faz. Ótimo! Eles estão prontos para seguir as ordens.

Mas, vamos falar a verdade? Até agora só garantimos a repetição.

Desse jeito você nunca vai descobrir novas formas de realizar o trabalho. Enquanto seus concorrentes evoluem, você ficará do jeitinho que sempre foi.

Por isso, o próximo passo do **LEADERSHIP MAP** é tão importante.

Porque ele é o segredo da inovação.

ESCUTAR

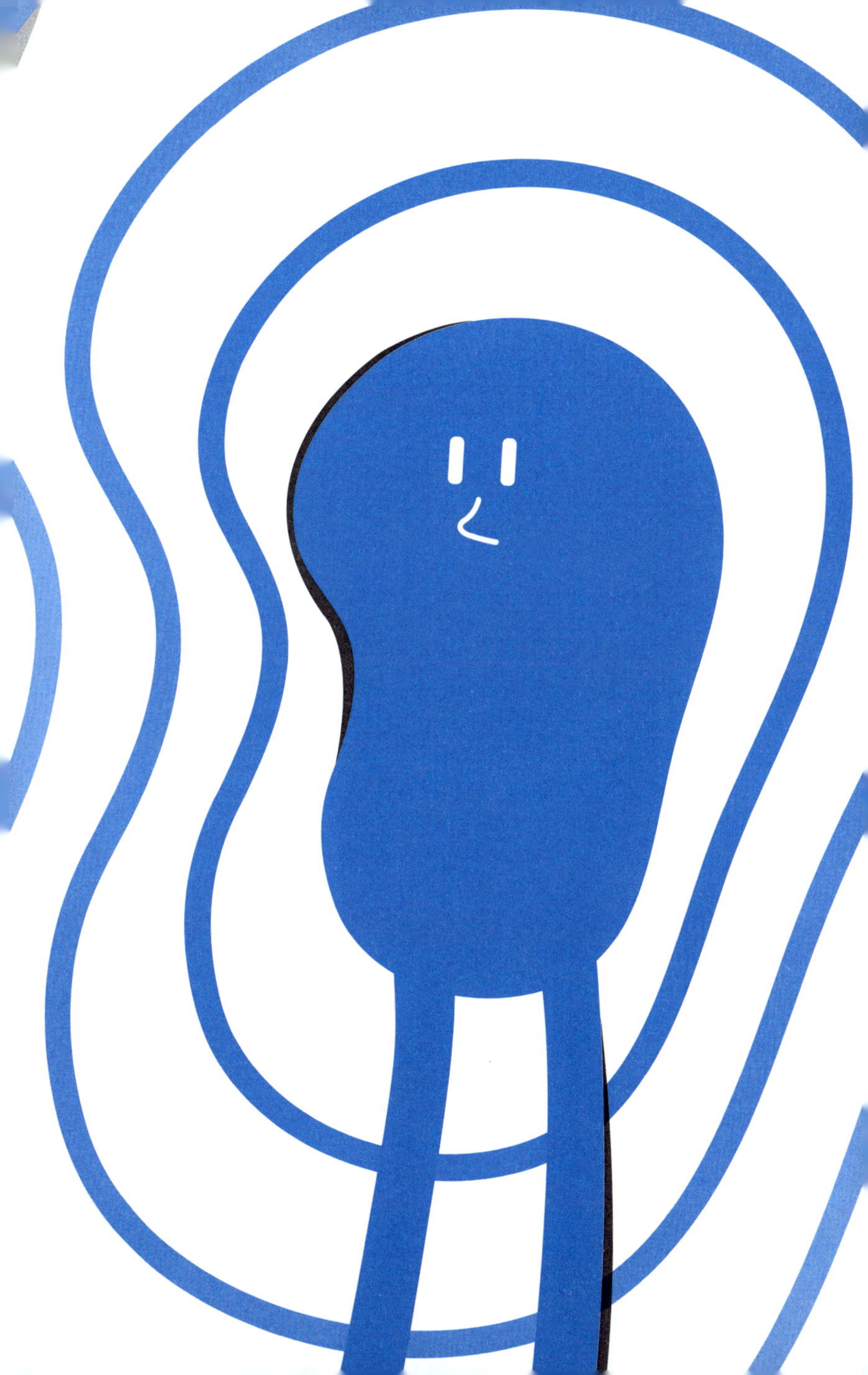

Uma coisa difícil de entender é como um país do tamanho do Japão, que dá mais ou menos meia Bahia, tornou-se a terceira maior economia do mundo. Repare que os dois primeiros colocados, Estados Unidos e China, são gigantes territoriais.

Não tem uma resposta única, é claro. A lista é enorme! Tecnologia, cultura, estratégia, Pokémon… Ninguém constrói um valor desses numa tacada só.

Mas, quem sabe, não podemos cravar que o *primeiro* grande acerto aconteceu em 1721?

Na época, eram 26 milhões de cidadãos.

Nenhum estava bem.

O país estava atravessando um período de fome. A população das áreas rurais fugia para a cidade, a população da cidade não tinha mais onde enfiar ninguém. Até os Samurais, sem comida, dormiam na rua.

Yoshimune Tokugawa foi escolhido o oitavo Xogum. Ou seja, como conselheiro do imperador, tinha a função de… aconselhar.

Mas, até aí, sete antes dele não resolveram nada.

Foi quando Yoshimune teve a grande sacada!

Ao invés de chegar com respostas, *chegou com perguntas.*

Em nome da realeza, colocou um baú de ferro no centro da cidade. Na frente dele, uma placa dizendo:

"Deposite aqui sua ideia para mudar a situação.
Recompensas serão dadas para aquelas que forem aceitas."

Nasceu, assim, a famosa caixinha de sugestões.

O dilema da **Oreo**

Você já deve conhecer.
É aquela antiga reflexão filosófica sobre causa e efeito:

"Afinal, Oreo vende mais porque é fresquinha?
Ou é fresquinha porque vende mais?"

(Sim, o original era com Tostines. Adaptei para os millennials.)

É exatamente isso que acontece hoje em um monte de empresas.
O Ph.D. John Izzo, em pesquisa para seu livro *Stepping Up: How Taking Responsibility Changes Everything*, em 2012, quis entender por que as pessoas não são mais proativas no trabalho. Descobriu inúmeros motivos! Será que você imagina quais são os dois principais?

1. Líderes não pedem opinião das pessoas sobre suas decisões (64%);
2. Líderes rejeitam as ideias antes de explorá-las (38%).

Afinal, os chefes não escutam porque o time nunca traz sugestões? Ou o time nunca traz sugestões porque os chefes não escutam?

Escutar dá **dinheiro**

– É um papel com cola?
– É...
– Que não cola.
– Isso.
– Então por que não comprar um papel sem cola?
– Porque daí não cola.

Imagine a dificuldade que foi explicar a invenção do Post-it.

Tão complicada, mas tão complicada... que não deu certo.

Os inventores, lá na 3M, tentaram mostrar o conceito, mas alguns líderes acharam que o negócio não fazia sentido.

– Então por que não comprar um papel com cola que cola?
– Porque daí cola!

O projeto foi colocado em uma gaveta chamada: "Tem que ver isso aí". Que é o jeito delicado de dizer "Deixa pra lá".

Os criadores, no entanto, eram abusados! Sem pedir permissão, espalharam amostras do Post-it por vários departamentos da empresa.

Do lado do produto, deixaram um recadinho: "Caso queira mais, ligar neste ramal".

Adivinhou?

Sim. Era o ramal do chefe.

Finalmente a ideia colou.

Ter uma equipe bem alinhada? É bom.

Ter uma equipe com liberdade para se colocar? É ainda melhor.

Ter a soma dos dois... *é a inovação.*

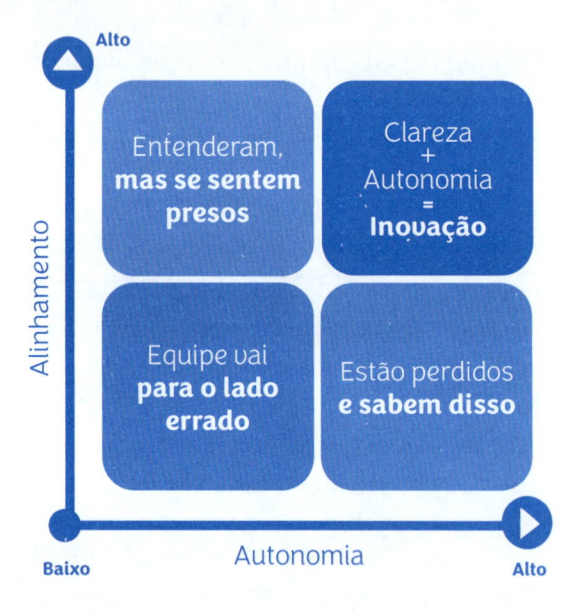

Alinhamento / Autonomia

- Alinhamento Alto, Autonomia Baixo: Entenderam, **mas se sentem presos**
- Alinhamento Alto, Autonomia Alto: Clareza + Autonomia = **Inovação**
- Alinhamento Baixo, Autonomia Baixo: Equipe vai **para o lado errado**
- Alinhamento Baixo, Autonomia Alto: Estão perdidos **e sabem disso**

Vamos fazer uma continha rápida.

Considerando a soma do lucro das 150 Melhores Empresas para Trabalhar... Quanto dinheiro você está perdendo por não ouvir sua equipe?

Antes de alguém propor mudanças, a Colgate vendia velas.

A Louis Vuitton vendia caixa.

A Marriott vendia comida mexicana.

A Avon vendia livros.

A Nokia vendia pneu, botas de borracha e papel higiênico.

A Samsung vendia macarrão e peixe seco.

E tem gente com medo de ouvir a equipe e mudar o rumo das coisas…

Lição **Nº 1**

o RH não está lá para escutar **por você.**

No geral, quem tem mais condições de trazer ideias fantásticas não são as pessoas trancadas no vigésimo andar, e sim quem está lá na frente do balcão!

Literalmente, no caso da Starbucks.

– Então você acha que a gente deveria vender café com gelo?

– Misturado com gelo.

– Para nossos clientes que nos procuram querendo café quentinho?

– Exatamente!

– E por que eles iam querer isso?

– *Porque vai dar uma boa sacudidela e muita alegria ao bebericar!*

Não sabemos se a pessoa argumentou realmente desse jeito. Mas sabemos que a ideia do Frappuccino nasceu em uma lojinha no sul da Califórnia (onde faz muito calor) ... e que foi assim que ficou no site.

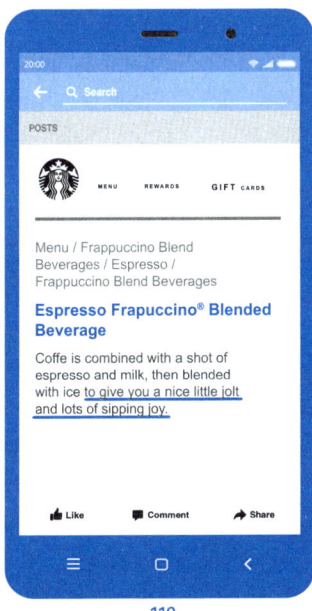

No fim, os pequenos detalhes da operação não cabem no Excel. Só dá para ver quando você está lá! Carregando os pacotes! Literalmente. No caso da Kimberly-Clark.

– Então você acha que a gente devia vender papel higiênico amassado?

– Apertando os rolos.

– E para que a gente ia fazer isso?!

– Primeiro, porque ocupa menos espaço para guardar em casa.

O operador olhou para a carroceria cheia e terminou...

– ...E vai caber mais dentro no caminhão!

～

Tanto no caso da Starbucks quanto da Kimberly-Clark, pessoas diretamente envolvidas com a operação tiveram sugestões que mudaram o *business*.

Sacadas assim aparecem todos os dias! A humanidade nunca sofreu por falta de gente para dar palpite. O maior problema é ter uma liderança que considere levar isso para a frente.

Quando realizamos uma pesquisa de clima, é claro que estamos ouvindo as pessoas. Muito obrigado, RH! Mas não dá para ficar só nisso. *Escutar* precisa ser uma prática presente no dia a dia do líder.

Poucas coisas impulsionam mais a confiança do que ter alguém que leve a sério o que você fala. Afinal, nos dois exemplos, foi necessário ter um gerente comprando a briga e fazendo um super PowerPoint para defender café frio e papel higiênico prensado.

～

Minha sugestão?

Antes de escutar as pessoas sobre as ideias de *business*, mostre que você está lá para ouvir o que se passa com elas.

Um bom exercício, para começar, é a Linha da Vida.

Peça para cada um da sua equipe construir uma *linha do tempo* de tudo que viveu. A única restrição? O desenho só pode ter, no máximo, sete itens. Ou seja, é preciso escolher quais foram os sete momentos que definiram a pessoa que ela é.

Tenho certeza de que isso vai te aproximar do seu time e mostrar seu interesse genuíno em conhecer as pessoas por trás do crachá. A partir daí, as paredes invisíveis caem e quando surgir alguma ideia, não haverá receio algum de te procurarem.

um exemplo:

Linha da vida

- 01 minha carteira de motorista
- 02 formatura na universidade
- 03 falecimento da avó
- 04 conheci a Itália
- 05 1º emprego
- 06 casa própria
- 07 primeiro filho
- . . .

Lição **Nº 2**

conheça seu **nível de escuta.**

Os Níveis de Escuta determinam se você é, ou não, um bom ouvinte.

Claro, isso varia de acordo com a conversa! Ninguém tira dez em todos os momentos, ninguém tira zero em todos os momentos. É impossível ser o Dalai-Lama o tempo todo (com exceção, talvez, do Dalai-lama).

Mas não deixa de ser importante encontrar o ponto médio em que você passa a maior parte do tempo.

Nível 0 – **Sem escuta**

Entendeu? Ótimo.

Não entendeu? Também nem vou explicar, você não vai dar atenção.

O *Líder sem Escuta* parece um estranho dentro da própria empresa. Sua interação com as pessoas é meramente processual. Na leitura da equipe, está mais para um aplicativo do que para um ser humano.

Como saber se você é assim?

As pessoas param de brincar quando você entra na reunião.

Frase comum? "Ué, mas se eles quiserem é só vir falar comigo!"

Nível 1 – **Como se escutasse**

É quem busca a si mesmo dentro das palavras do outro.

O *Líder como se Escutasse* está ali… de mentira. Seus olhos, sua cabeça e sua postura são de quem está escutando, mas a verdade é que está pensando no almoço.

Como saber se você é assim?

Você tem uma pergunta pronta antes de o outro terminar de falar.

Frase comum? "Ah, que legal! Então, comigo foi diferente…"

Nível 2 – **Escuta seletiva**

É quem seleciona só as partes que lhe cabem deste latifúndio.

O *Líder com Escuta Seletiva* pega os trechos que concorda e coloca em destaque. Forma uma opinião completa a partir de meias-verdades.

Como saber se você é assim?

Vive tendo as meeesmas discussões repetidamente.

Frase comum? "Esse ponto que você disse é muito importante!"

Nível 3 – **Escuta atenta**

Escuta sem julgamentos.
O *Líder com Escuta Atenta* não chega com a ideia pré-assada. Não faz juízo de valor, dá importância para todas as informações e só depois formula uma opinião sobre o assunto. Parece óbvio, mas é raro.
Como saber se você é assim?
Cada conversa, para você, é uma descoberta.

Frase comum? "Eu realmente não sabia disso."

Nível 4 – **Escuta ativa**

Escuta os sentimentos.
O *Líder com Escuta Ativa* não presta atenção só nas palavras, mas também nas emoções. É empático! Não regista só *o que* está sendo dito, mas principalmente *como* está sendo dito.
Como saber se você é assim?
As pessoas se aproximam naturalmente de você.

Frase comum: "   ."

(Não tem frase, você está escutando.)

Lição **Nº 3**

o verdadeiro primeiro nível da escuta se chama **humildade.**

– E agora?

A crise de 2009 não afetou só os tratores da Caterpillar. Também balançou os refeitórios da Sapore.

– E agora, chefe?

A empresa terminou o ano esticando o prazo com fornecedores e devendo para todos os bancos. Imagine ser dono de uma operação com mais de mil restaurantes, cheios de gente para receber no dia seguinte...

... E o caixa vazio.

– O que é que a gente faz?!

Daniel Mendez, o fundador, sempre foi aquela pessoa com resposta para tudo. O tipo de cara que dá um jeito de encontrar uma solução.

Mas aquela reunião foi uma grande virada na sua vida.

– E agora, Mendez?!

Foi ali que ele percebeu que uma companhia não podia depender das ideias de um homem só.

Foi ali que ele deu a resposta mais importante da sua vida.

– Sinceramente? Eu não sei.

Ao dizer "não sei", tudo mudou.

A partir dali as pessoas não procuravam mais por aprovação, e sim por soluções. A equipe teve que "se virar nos trinta". A mentalidade de toda a companhia mudou.

Foi assim que a empresa venceu a crise, saiu mais forte e lucrativa. Hoje, mais robusta do que nunca, serve cerca 1,3 milhão de pratos.

Por dia!

Se quiser assistir à palestra completa dele no YouTube, vale a pena.

Se não quiser, não tem problema. Eu já contei o final.

"É preciso coragem para se levantar e falar. E também é preciso coragem para se sentar e escutar."
Winston Churchill.

Vai **trabalhar** ou vai ficar **conversando**?

Um gerente intermediário gasta 35% do tempo em reuniões.

Vou explicar de outra forma: 1/3 da vida é conversê.

Essa informação, levantada por Everett Chasen e Robert Putnam no livro *The Manager's Communication Toolbox,* acende uma luz vermelha. Será que esse tempo está sendo útil, ou só serve para ficar bonito no Outlook?

Noah Zandan tinha exatamente a mesma pergunta. Cofundador da Quantified Communications, resolveu isso com uma extensa pesquisa com empresas de até 100 pessoas. Tinha uma razão! Em um universo assim, fechadinho, dava para mapear o tempo que as pessoas ficam conversando e quanto isso fez diferença de verdade.

O resultado?

Por semana, cerca de 17 horas eram gastas só para reexplicar algo que tinha ficado mal-entendido.

Ponha-se salário.

Ponha-se encargos.

Ponha-se benefícios.

O resultado é um custo anual inútil de 525 mil dólares.

Isso acontece porque duas pessoas conversando não constitui, necessariamente, um diálogo. Pode ser que estejam acontecendo apenas dois monólogos simultâneos.

Infelizmente, as pessoas não escutam porque querem *escutar*. Elas escutam porque querem *responder*.

Por isso, o verdadeiro primeiro nível da escuta é a humildade. Como qualquer outra habilidade, ela precisa ser exercitada.

Só com base na humildade o líder pode escapar do mito da "Liderança Solitária", que as pessoas espalham por aí. Isso não existe, o que existe é:
- liderança que não criou vínculos;
- liderança que não aceitou críticas;
- liderança que quis pagar de perfeitinha.

Como explica a professora Brené Brown, com cadeira na University of Houston, o segredo é assumir sua vulnerabilidade.

Minha dica rápida é: na próxima vez que for ter um *brainstorm* com sua equipe, por favor, não leve a ideia pronta.

Mas, afinal, **a quem** devo escutar?

A todos.
"Eu sou um bom líder! Eu sempre escuto as ideias do Carlos!"
Então você é um excelente líder... para o Carlos!
"Ah, mas tem coisa que não precisa consultar."

Admita, você pensou isso. Ou, no mínimo, concordou depois de ler, certo?

Talvez você precise saber como as coisas funcionam no Magazine Luiza.

~

– Oi, Marcela. Pode sentar.
– Com licença.
– Marcela, hoje você completa um ano no time de atendimento telefônico. Estou com aqui com uma planilha das suas avaliações.
– Entendi.
– E os números estão muito bons! Você será promovida de profissional júnior para plena no próximo mês!
– Que maravilhoso!
– Mas tem uma coisa na qual ainda não batemos o martelo.
– O quê?
– Seu salário.
– …!
– *Quanto você quer ganhar?*

~

É isso mesmo. A pessoa diz quanto deseja receber.
A ideia parece maluca, não é?
E se, por exemplo, a pessoa falar um milhão de reais?
Ué. Fácil!
– Quero ganhar um milhão de reais.
– Legal. Não.

A questão é que só o fato de poder debater o próprio salário faz com que todo mundo se sinta reconhecido e escutado.

Então, por favor, pare de procurar as pessoas de sempre. Ou pior, só aquelas com as quais você concorda. Ou pior, só aquelas de que você gosta mais!

Se você é mais velho, pare de renegar o que os mais novos falam porque "eles ainda não amadureceram". Essa garotada, provavelmente, entende mais sobre os valores dos nossos tempos do que você.

Se você é mais novo, pare de renegar o que os mais velhos falam porque "eles são ultrapassados". Esses senhores e senhoras provavelmente têm uma bagagem que você ainda nem sonha conquistar.

Se você só escuta gente que pensa igual a você, nunca estará dando voz para o outro. O *manterrupting* existe justamente por causa disso. Em um universo corporativo tão masculinizado, as mulheres muitas vezes não conseguem sequer terminar a frase.

Não é achismo, ok? É uma pesquisa realizada pela Universidade George Washington. Eles descobriram que os homens interrompem as mulheres 33% a mais do que quando conversam com alguém do mesmo gênero.

A situação é tão grave que Gal Barradas, sócio-fundadora da BETC, criou um aplicativo só para registrar quando essas interrupções acontecem! Como ela mesma explica:

– O sistema consegue identificar porque existe uma diferença morfológica entre as cordas vocais dos homens e das mulheres. Então o Anderson Silva pode conversar com a Ana Carolina que funciona do mesmo jeito!

Com a tecnologia, descobriram que 75% das reuniões são dominadas por vozes masculinas.

Novos, velhos, homens, mulheres, héteros, gays, católicos, evangélicos, muçulmanos, ateus, brancos, negros, altos, baixos, ágeis, lentos, parecidos com você, ou não.

Liderar é escutar a voz de cada um.

Liderar é ver o potencial de cada um.

Mesmo quando a própria pessoa não vê.

Lição Nº 4

o último nível da escuta se chama **ação.**

O nome da empresa é Brasilata.

É bom porque já explica tudo: 1) fica no Brasil; 2) vende lata.

Pronto. É isso.

Não tem mais o que inventar, não é mesmo?

Mas, em 1987, eles decidiram dar uma chacoalhada!

Criaram um concurso para quem trouxesse sugestões de novos produtos. A coisa começou morna, é verdade. Mas esquentou quando o time percebeu que a liderança *de fato implementava* 90% das sugestões.

Eu vou escrever por extenso, para ficar claro: NOVENTA POR CENTO!

Hoje, a equipe entrega mais de 150 mil ideias por ano. Significa que cada pessoa manda uma sacada a cada dois dias.

Não por acaso a Brasilata foi eleita cinco vezes uma das empresas mais inovadoras do país pela *Época Negócios*.

O que aprendemos?

Que a confirmação máxima de que um líder escutou alguém é demonstrada no *comportamento*. São nossas ações que dizem: *Sabe aquilo que você falou? Sim, fez diferença!*

Portanto, se você busca inovação, não basta anotar tudo em uma linda caderneta. É preciso levar para a prática.

E é *claro* que isso vai dar trabalho. Mas é um trabalho que tem recompensa!

Sabe por que o 14-Bis se chama 14-Bis?

Porque era o anexo do 14º projeto.

Sabe por que o WD-40 se chama WD-40?

Porque vieram 39 que deram errado antes dele!

Sabe por que a Basf se chama Basf?

Nem eu.

Mas isso não muda o fato de que, em um ano, eles fizeram uma força-tarefa para implementar 21 mil ideias da equipe. Assim, economizaram mais de 60 milhões de euros.

Você só vai conseguir gente com iniciativa se você mostrar que, contigo na liderança, a coisa tem "acabativa".

Resumindo!

1º Escutar é **função do líder,** não só do RH

Escutar vai muito além de fazer Pesquisa de Clima. Mais do que isso, deve ser uma postura diária da liderança. Sem isso, justamente quem mais tem potencial de inovação ficará emudecido.

2º Os **níveis** de escuta

Sem Escuta, Como se Escutasse, Seletiva, Atenta e Ativa. Identifique em qual nível você está! O problema não é descobrir que a coisa não está bem. O problema é nunca olhar de verdade para isso.

3º Antes de tudo, **humildade**

Escutar, de verdade, significa se desprender de todos os títulos e ideias preconcebidas. É hora de guardar os troféus na gaveta e se abrir para visões diferentes. E pessoas diferentes!

4º Vá para a **prática**

A verdade é uma só, as pessoas só vão acreditar que você realmente dá valor ao que elas pensam quando perceberem que aquela conversa mudou seu comportamento.

Isso também vale para casamentos.

greatleadertowork.com/escutar

Acessando este QR Code você poderá fazer uma **autoavaliação** para saber, afinal, se você é um líder que **sabe escutar.**

Guardei essa para o final...

– Você quer interromper as obras do elevador?

O zelador do hotel El Cortez chamou o gerente para conversar. Estava horrorizado com o número de pedreiros montando acampamento bem no meio da recepção.

– Não, senhor. Não é interromper!

– Mas sua preocupação não é com o barulho da construção?

– Sim! Com o barulho, com a sujeira, com o entra e sai. O senhor que me perdoe, mas na minha casa, para trocar a pia, já foi uma bagunça. Imagina instalar um elevador?!

A preocupação era legítima. O hotel, afinal, se chamava El Cortez, não El Ruidoso.

– Tá. Mas qual é a sugestão?

– É simples! Construir o elevador… fora do hotel.

A ideia, de início, parecia ridícula.

Mas hoje, toda vez que você estiver curtindo um elevador panorâmico, agradeça a este zelador, preocupado com os hóspedes que ia receber.

~

Chegamos a uma virada importante.

Com as três práticas (Comunicar, Inspirar, Escutar) você tem tudo de que precisa para formar um time alinhado e cheio de propósito. Sua equipe está preparada para realizar o trabalho. Aliás, mais que isso, para sugerir formas ainda melhores de fazer!

Mas isso não vai adiantar nada se não tiver performance na vida real.

Até aqui, era tudo sobre teoria.

A próxima parte do **LEADERSHIP MAP** é sobre como partir para a ação.

Leadership M A P

Agora você está no
ALL IN
TUDO DE SI

cuidar

desenvolver

agradecer

A

CUIDAR

Para entender essa história, você precisa saber quem é o Luquinha.

Um menino de família bem simples, com seis anos de idade. Gosta de usar chinelinho do Batman, abraçar seus pais e de desenhar dinossauros.

Adora Mundo Bita! Sempre mostra o dente que caiu para as visitas e, acredite, daria o mundo por uma caixa de bombom!

Ah, uma última coisa!

Luquinha foi atropelado.

Um caminhão de lixo passou por cima dele.

~

– Acidente com o filho de um operário da fábrica.

– Meu Deus!

– Pois é…

– Como é que a criança está?

Paula Ribas, da equipe de RH, correu para o hospital junto ao pai da criança. Nem precisou perguntar qual hospital. A cidade só tinha um.

Chegou a tempo de ouvir o diagnóstico.

– Nós vamos precisar amputar.

– NÃO! CLARO QUE NÃO!

Todos olharam para a Paula.

Que não era da família – e ainda não é.

Que não era médica – e ainda não é.

– Imagina! Vai amputar nada!

– A senhora não viu a situação do pé do menino.

– Então deixa eu ver!
Viu.
E, realmente...
– Tá. Entendi.
– Certo, vamos iniciar o procedimen...
– Espera!

Às pressas, ligou para a direção da empresa. Conseguiram uma ambulância! Foi todo mundo dentro, o menino, os pais e ela mesma disparando para outro município. Lá havia um Centro Médico mais robusto, perfeito para uma segunda opinião.

Alguns meses depois, Luquinha apareceu no RH da empresa. Caminhando com seus próprios pezinhos.

Veio, junto com o pai, trazer um presentinho de agradecimento para Paula. Uma caixinha de bombom.

As várias formas de **cuidar**

Se você quer que sua equipe entregue performance, precisa criar as condições para isso. A estrutura precisa funcionar bem, o computador precisa funcionar bem e... adivinha? A pessoa também precisa funcionar bem!

Por isso, *cuidar* é tão importante.

Se a pessoa estiver mal, qual a chance de ela entregar um trabalho que preste?!

Mas, claro, *cuidar* não é só levar para o hospital e brigar com a equipe pediátrica. É muito mais do que isso!

Organizar as demandas para não sobrecarregar ninguém... é *cuidar*.

Não enviar e-mail num domingo à noite... *é cuidar.*
Respeitar as pessoas... *é cuidar.*

~

A foto abaixo chamou muito a minha atenção.

Foi tirada na Estação da Luz, em São Paulo, durante a Fase Roxa da pandemia.

Vale dar o contexto. A escala de medição da gravidade na cidade ia da Fase Azul (a melhor possível) até a Fase Vermelha (a pior possível). O problema é que situação piorou tanto – mas tanto! – que precisaram rever a escala.

Ou seja, pense em uma pequena escada de cinco degraus.

A Fase Roxa é o buraco.

Movimentação de passageiros na plataforma central da estação Luz da CPTM.
Foto por: Bruno Escolástico.

Infelizmente, a adesão brasileira às medidas de trabalho remoto não seguiu o mesmo ritmo de outros países. Ou seja, justamente quando mais precisávamos de isolamento social, essas pessoas se acumulavam para sobreviver.

Enquanto isso, 80% das Melhores Empresas para Trabalhar no Brasil oferecem recompensa a quem participa de programas de bem-estar, 73% oferecem home-office e 83% já davam horário flexíveis mesmo antes de o mundo virar de ponta-cabeça.

Não é por coincidência que, quando entrevistamos as equipes destas companhias, um dos principais motivos pelos quais elas não procuram outro emprego é...?

Qualidade de vida.

Não adianta bater um sininho na manhã de segunda-feira para estimular performance.

Sua equipe sabe quando está sendo maltratada.

O impacto da **liderança**

Neste capítulo vamos abordar como o líder é a chave para que o cuidar seja levado a sério. Tenho uma história boa sobre isso.

Certa vez conduzi um trabalho com jornalistas de uma das maiores editoras do país. Eu precisava descobrir, afinal, por que o clima da redação estava tão pesado.

O RH, coitado, tinha feito a lição de casa! Plano de saúde, plano odontológico, academia de ginástica, até salão de beleza eles tinham!

Mesmo assim, as avaliações eram ruins.

Muitas conversas depois, veio a pista.

– Sabe, Cauê... É que eu não me sinto totalmente à vontade. Por exemplo, não me sentiria bem usando o *Happy Day*!

Happy Day era o nome da política interna de folga no dia do aniversário.

Pois bem.

Preparei um relatório cheio de detalhes e fui conversar com a chefona. Uma senhora alta, elegante, de óculos gatinho, cabelo chanel e cara de brava.

– O que eu vi, senhora, é que as pessoas não se sentem confortáveis para usar os benefícios que elas têm. Por exemplo, muitos não se sentem tranquilos para usar o *Happy Day*.

– O *Happy Day*?

– É, o *Happy Day*.

– Eles não se sentem confortáveis para usar o *Happy Day*?

– Exato, o *Happy Day*.

– Mas, Cauê...

Ela fez uma pausa, daí emendou:

– Que diabos é o *Happy Day*?!

Se ela nem sabia da existência, de que adiantava ter o programa, não é mesmo? Nunca subestime a capacidade de um líder de estragar tudo.

Lição Nº 1

saúde mental
também é saúde.

Você é, ou conhece, um marombeiro de Instagram?

É o pessoal que posta foto comemorando um ano de academia, ou seis meses de dieta *low carb*, ou aqueles três quilômetros de corrida no Ibirapuera.

Se você é um marombeiro do Instagram, tenho uma palavra para você: Parabéns!

Muito legal que esteja cuidando da saúde! Acho ótimo!

Mas, admito, sinto muita falta de ver as pessoas fazendo posts parecidos com esses falando da saúde mental.

Cadê as fotos comemorando o primeiro ano de terapia?!

Ou os seis meses sem sobrecarga no trabalho?

Ou a primeira noite sem insônia?!

É como dizem: "Mens sana in corpore sano".

Pronto. Agora já posso dizer que publiquei um livro em latim.

A **triste** aposta

Como vimos, diante da pandemia global, muitas empresas tiveram que se adaptar. Cargos e trabalhos mudaram de cara e criaram o "novo normal".

Mas uma gigante americana fabricante de produtos de carne, no entanto, tentou algo diferente.

Ao invés das fábricas implementarem distanciamento social e equipamentos de segurança entre os 2.800 operadores da fábrica, eles implementaram uma *aposta*.

A competição era muito simples! Ganhava quem acertasse qual colega iria contrair Covid-19.

Olha que divertido.
Olha que legal.
Olha que bacana.
(Contém muita ironia.)

Sete gerentes acabaram sendo demitidos. Um deles tentou explicar de onde surgiu a ideia do bolão da morte: "Foi simplesmente algo divertido".

O caso só ficou público porque o filho de um dos operadores processou a companhia depois que seu pai faleceu.

Se você fosse de um dos times gerenciados por essas pessoas, como estaria sua cabeça?

Ruim pra **cabeça**, ruim para o **bolso**

A Capita Institute fez uma pesquisa global, a *Workplace Wellness Report 2019*, para entender como está a qualidade da saúde mental das pessoas. Queriam saber, afinal, qual é o tamanho do buraco.

E é fundo.

"79% das pessoas disseram ter sofrido estresse no trabalho nos últimos doze meses."

Esse dado revela dois problemas.

O primeiro é óbvio. O trabalho *afetou* a vida de oito a cada dez pessoas.

O segundo problema é que existe uma grande chance de você ter lido o dado e pensado: "Ué, gente. Normal!".
Afinal...

"47% acham que é normal sentir estresse e ansiedade no trabalho."

Não, não é.
Trabalho deveria ser o lugar onde usamos nossas vocações para ser feliz, ganhar dinheiro e fazer diferença no mundo. Não devemos comprar a ideia de que "trabalhar é sofrer" como uma coisa natural.
Mais números!

"53% tiveram colegas que foram forçados a desistir do trabalho devido ao estresse."

"65% afirmaram que o estresse no trabalho está afetando a qualidade das suas noites de sono."

E, como se não bastasse a pessoa sofrer, o orçamento sofre junto.
Segundo a Organização Mundial da Saúde (OMS), para cada US$ 1 investido em bem-estar mental, a empresa recebe US$ 4 em produtividade. Uma companhia onde tristeza e lamentação fazem parte da rotina não é só um péssimo lugar, é um péssimo negócio.
Não por acaso, a mesma fonte estimou, após mesclar inúmeras análises, que a depressão e a ansiedade causaram a perda de US$ 1 trilhão da economia mundial.
Quanto dá isso em reais, atualmente?

Por isso, **precisamos** do líder

Como vimos, a liderança impacta. Seja no bem-estar das pessoas, seja no mal-estar.

Não estou dizendo que você deve deitar sua equipe no divã, ok? Mas que sua preocupação com o bem-estar do time deve estar *declarada*.

Tanto nas palavras, como nas ações.

No GPTW nós levamos isso tão a sério que temos a *Semana Off da Saúde*. Funciona assim: cada pessoa fica fora por sete dias. Ela deve usar esse tempo para se cuidar. Fazer exames, ir ao dentista, algo assim!

A maior parte do tempo, claro, é usada na saúde mental. Meditar, ver alguém que sentia saudade, passar uns dias na floresta. Não importa. Desde que ela *cuide* de si mesma.

Foi legal perceber que, quando criamos o e-mail automático dizendo: *"Não posso responder, estou em Semana Off da Saúde"*, várias empresas com as quais trabalhamos vieram nos perguntar o que era aquilo.

Daí a prática começou a se espalhar pelo país.

Quem sabe com você, líder, lendo isso, a prática não se espalha ainda mais?

Claro, existem outras tantas formas de fazer diferença! A liderança da T-Mobile, empresa de telefonia, organizou um grupo de coral com o pessoal do telemarketing.

Achou a ideia maluca?

E se eu te disser que o estudo *Effects of Choir Singing or Listening on Secretory Immunoglobulin A, Cortisol, and Emotional State*, feito na Alemanha, mostrou que cantar em grupo estimula a produção de cortisol e reduz o estresse? Na verdade, o doutor Dr. David Lewis-Hodgson, em estudo feito pelas Universidades de Harvard e Stanford, já confirmou em laboratório que, sim, as músicas são redutores de estresse e nervosismo. Tem até uma específica que reduz até 65% da ansiedade!

Viu? O resultado, depois da implantação, foi que as faltas por causa de doença caíram pela *metade*.

Além disso, segundo os cálculos da própria empresa, cada 1% a mais de satisfação do cliente reverbera em R$ 1 milhão de reais de resultado. Depois do coral, chuta quanto o índice aumentou?

a) 3%
b) 6%
c) 15%

Errou!
Subiram incríveis 41% (desculpe a pegadinha).
Foi literalmente música para os ouvidos.

Você reparou?
Semana Off, Coral…. A possibilidade de como um líder pode influenciar na saúde mental das pessoas é infinita! Na Cibra, por exemplo, fazem sessões de *mindfulness* antes de começar as reuniões.

Sinto muito, não existe resposta óbvia.
O que existe é um líder com olhar atento.

Mas, para que você não fique estressado, vou terminar este bloco te dando um link da música *Weightless*.

É aquela que, segundo o Dr. David Lewis-Hodgson da Mindlab International, reduz 65% da ansiedade.

Aproveite para descansar.

Nos vemos depois! :)

Lição **Nº 2**

vida pessoal ≠
vida profissional.
**uma grande
mentira.**

Esta pequena conversa aconteceu com uma colega minha durante uma reunião de diretoria onde ela trabalha, uma das maiores farmacêuticas do país.

– A gente tá com o time reduzido, por isso essa correria.
– Tem que resolver esse negócio! Por que a gente não contrata só homem? Pelo menos não engravida!

Engraçado pensar que outra colega minha, que trabalha na concorrente da anterior, viveu uma história bem diferente.

Ficou grávida, teve filho (o Huguinho) e, durante a licença-maternidade, ganhou do seu líder um livro chamado: *Acontecia enquanto eu nascia*. Um presente fofo, contando qual novela, filme e música estavam na moda durante aquela época.

Claro que, além das novelas, dos filmes e das músicas, muitas outras coisas estavam acontecendo enquanto o Huguinho nascia! Também estavam acontecendo relatórios, reuniões comerciais, pressões pela meta e problemas de processos.

Isso não impediu, no entanto, que o gestor parasse dez minutinhos e pensasse: *E para aquela pessoa da minha equipe? O que é importante para ELA?*

Só é possível *cuidar* quando entendemos as necessidades específicas de cada um. Isso, obviamente, só é possível quando olhamos para o lado pessoal.

O bom líder precisa ver o indivíduo como um todo, enxergar o ser humano completo. Você não conhece alguém do time só vendo a avaliação de desempenho!

Um bom exemplo aconteceu no Laboratório Sabin.

A rede está espalhada pelo país inteiro, entregando mais de 40 milhões de exames por ano. Já imaginou o tanto de gente para fazer tudo isso?

Já imaginou o tanto de gente... *diferente*?!

Então, na dúvida, os líderes preferiram adotar a estratégia de "apontar para os dois lados".

Para o grupo dos animadinhos, criaram programas de investimento em exercícios. Todo mundo que quisesse, podia se inscrever. Resultado? O "time Sabin" acabou colocando quatro atletas na Meia Maratona Internacional do Rio de Janeiro.

Para o grupo dos preguiçosos, investiram em poltronas relaxantes. Além disso, instituíram a hora da sesta. Meia horinha de soninho gostoso porque, né? A vida já é dura demais!

Resumindo?

Líder, não esqueça: o benefício precisa ter a cara do beneficiado.

Olhe para *cada* pessoa. De qual cuidado *ela* precisa? E, atenção, porque pode não ser óbvio! Pode ser, por exemplo, cuidado financeiro.

La plata

A pesquisa da Society for Human Resource Management revelou um número assustador: 40% das pessoas já se ausentaram do trabalho por causa de uma emergência financeira.

Exatamente. Quase *metade* das equipes já foi além do "estar preocupado com o assunto". Precisaram, efetivamente, sair correndo porque "deu ruim".

Repare bem, com isso não quero dizer que você deve chamar o Bruninho na sala, abrir uma planilha do Excel e dizer:

– Vamos lá, Bruninho! Vamos resolver essa parada! Quanto você gasta em coxinha?!

Líder não é psicólogo, nem consultor financeiro, nem mágico.

Mas pode ser um parceiro.

Ou seja, aquela pessoa que criou vínculo suficiente para *indicar* uma visita ao psicólogo. Ou a um consultor financeiro.

(Ou a um mágico, dependendo do tamanho do problema.)

Quer outro exemplo de cuidado não óbvio?

O cuidado com a **beleza**

Certa vez conheci líderes de um *call center* que resolveram fazer um experimento bem interessante. De manhazinha, chamaram a equipe e disseram:

– Bom dia, pessoal. Nós vamos implementar uma nova ferramenta de trabalho!

– São essas caixas aí?

– Elas mesmo! Seguinte, vou pedir para vocês formarem uma fila, ok? Cada um pega uma caixa e coloca o equipamento novo do ladinho do monitor. Combinado?

Fizeram a fila, sentaram e abriram a caixa.
– É sério?
– É sério.
Era um espelho.
Afinal, para conseguir a máxima performance das pessoas, elas precisam estar saudáveis, tranquilas e... com a autoestima valorizada!
A ideia foi de um líder daquela repartição.
A satisfação dos clientes aumentou 10%.
Não, amor-próprio não é bobagem. O próprio Laboratório Sabin teve uma iniciativa na mesmíssima linha.
Essa até me emociona.

A roupa **branca**

– É um assuntinho meio chato.
– Fala, pode falar.
– A gente investe não sei quantos milhões em higienização, em antissepsia, em desinfecção...
– Sim, nós somos um laboratório, não uma mecânica.
– O cliente chega, vê tudo perfeitinho! Mas aí...
– Mas aí?
– Aí o Marcinho atende com o jaleco manchado?!
– Marcinho, o auxiliar do raio X?
– Ele mesmo!
– Fica tranquilo. Vou dar o *feedback*.
Chamaram o Marcinho "na chincha", explicaram a situação. Ele, todo envergonhado, respondeu:

– Sabe o que é, senhora? – Humilde, demorou para conseguir falar. – Na minha casa a gente não tem condições de ter uma máquina de lavar.

Tão óbvio para uns, tão distante para outros.

A gente não tem ideia do que a pessoa passa só para estar na nossa frente.

Isso mexeu com aquela líder. E, por causa dela, descobriram que não era um caso isolado, o Marcinho representava a realidade de um monte de pessoas na mesma situação.

O laboratório, no fim, criou um programa de financiamento especial, custeado pela própria empresa, que resultou na compra de muitas máquinas de lavar.

Agora, sim!

Mas, se as possibilidades são inúmeras, **por onde eu começo?!**

Primeiro, mantenha a calma.

Segundo, abra um canal de diálogo.

Este é o único caminho para *cuidar* do jeito certo. É a única via possível para entender o ser humano além do crachá.

Tenho um exemplo pessoal sobre como esse canal é importante.

Na época, eu não estava performando bem as minhas metas. O Ruy (lembra dele, o CEO?) me chamou para... um almoço.

Seguem, abaixo, três frases que eu *não ouvi* durante essa conversa:
1. O que aconteceu com os resultados?
2. Por que os números caíram?
3. Você precisa dar um jeito nisso!

Ao contrário.
Ele só, com carinho, me perguntou como eu estava.
Pronto. Foi o suficiente para entrar num desabafo que terminou comigo contando sobre o fim do relacionamento com meu namorado. Para dar dimensão do tamanho da confiança que isso representa, até aquele momento, muita gente da minha família ainda não sabia sobre minha sexualidade!
O tempo passou, melhorei, voltei a bater metas.

~

"Mas, Cauê, eu ainda não tenho esse vínculo todo com minha equipe!"
Então vamos começar a criar?!
Para tornar isso mais fácil, vou te dar uma ferramenta chamada A Roda da Vida.
Nessa dinâmica, você leva o diagrama da página a seguir (sem estar preenchido, é claro) para as pessoas da sua equipe.
Elas devem preencher com uma nota de zero a dez para cada setor da vida. "Quanto você se dá em Vida Social?", "Quanto você se dá em Saúde e Disposição?" E por aí vai…

No final, o próprio "jogador" seleciona as três piores notas e define ações que ele pode tomar para melhorar o quadro.

Essa é uma ótima forma de conhecer como as pessoas estão em suas "áreas da vida" e despertar o protagonismo para a evolução.

Como eu sempre digo: Não precisamos fazer esse exercício só no dia 31 de dezembro!

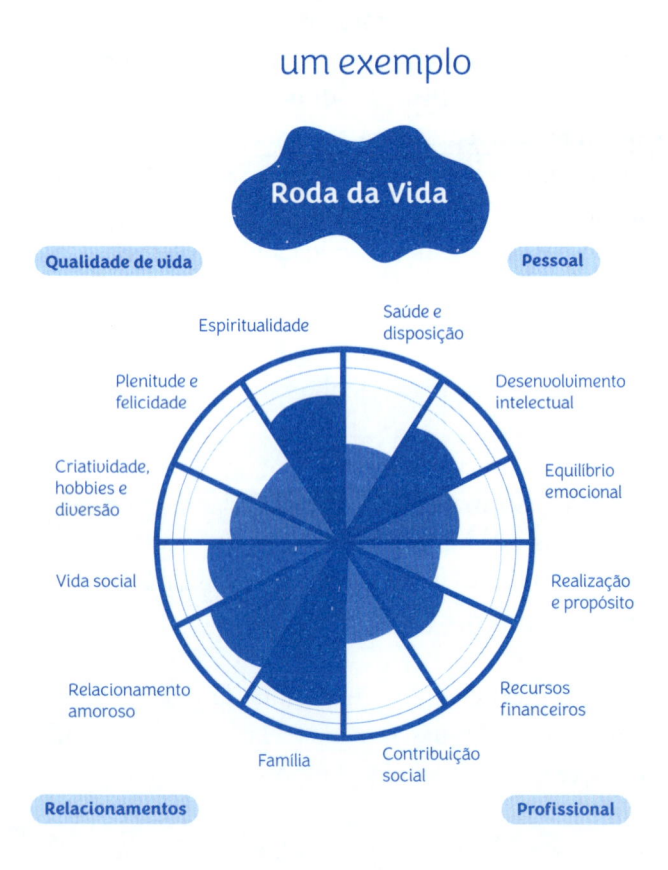

um exemplo

Roda da Vida

Qualidade de vida
- Espiritualidade
- Plenitude e felicidade
- Criatividade, hobbies e diversão
- Vida social

Pessoal
- Saúde e disposição
- Desenvolvimento intelectual
- Equilíbrio emocional
- Realização e propósito

Relacionamentos
- Relacionamento amoroso
- Família

Profissional
- Recursos financeiros
- Contribuição social

Lição **Nº 3**

vida pessoal ≠
vida profissional.
**uma grande
verdade.**

A doutora Leslie Perlow é professora na unidade de comportamento organizacional da Universidade de Harvard. Além disso, é autora dos livros *Finding Time* e *Sleeping with your Smartphone*.

Ela realizou um experimento corajoso dentro de uma das maiores consultoras financeiras do mundo.

O quadro geral da empresa tem mais 20.000 pessoas. Ela selecionou, para o teste, um grupo específico. Para dar uma ideia do perfil dos escolhidos, mais da metade verificava e-mail profissional nas férias.

– Certo. E suas relações familiares, como são?

– Meu pai me mandou mensagem dizendo que só consegue conversar comigo se agendar reunião com a secretária. Disse que eu nunca tenho tempo para eles.

Foi justamente para esse pessoal *workaholic* que Perlow pediu algo simples... Que tirassem uma folga.

Que mundo esquisito o nosso, não é mesmo?

"Tirar uma folga" virou experimento científico.

Sabe o resultado?

Diminuíram cerca de 10% das horas de trabalho dedicadas, e, adivinha? A produtividade não caiu *nem uma gota*. O trabalho continuou sendo realizado como sempre e a satisfação deles com os empregos pulou de 49% para 72%.

Sim, existem limites entre a vida profissional e pessoal.

Respeito aos **limites**

Como líderes, compreender e aceitar cada indivíduo como único, com uma história própria e interesses singulares, é fundamental. Como dissemos, não dá para *cuidar* de alguém sem entender isso!

Mas não confunda isso com invasão ao espaço nem ao tempo pessoal de cada um. Tenho muito medo de frases do tipo "precisamos extrair o máximo das pessoas".

Sabe, elas não são laranjas.

A humanidade está, cada vez mais, em uma luta desenfreada contra o tempo. Nossa cabeça é tão focada no futuro que, em determinado momento da história, paramos de dizer a hora na qual estamos e começamos a dizer a hora para a qual estamos indo! Foi assim que 6h40 virou "vinte para sete".

Após a pandemia, então, isso ficou urgente. Cansei de entrar em reuniões digitais e ouvir gente dizendo: "Vocês se importam se eu comer aqui? Estou saindo de uma conferência e, na sequência, vou para outra". Ou: "Pessoal, mil desculpas, eu realmente preciso ir ao banheiro. Estou segurando faz tempo!".

O tópico família, então, nem se fala! Nunca esqueça: não foi seu filho que invadiu a reunião do trabalho. Foi o trabalho que invadiu a casa do filho!

~

Lembro que conheci um gestor que era absolutamente contra home office. A explicação dele era clara: "Se comigo aqui, olhando, já tem hora que eles não trabalham... Imagina com eles em casa!?".

Sabe como ele se resolveu após o *lockdown*?

Obrigou a equipe a trabalhar na frente da câmera, ligada oito horas por dia, para que pudesse vigiar.

Comece respeitando **a si mesmo**

Pensando no dilema "vida pessoal" *versus* "vida profissional", você, líder, tem sido parte do problema ou da solução?

"A liderança é uma arte e a principal obra desse artista é ele mesmo".
Autor desconhecido

Não peça para sua equipe sair no horário se você fica no escritório até mais tarde. Não peça para seu time "focar no descanso", se você responde e-mail de madrugada.

Todas as suas ações também são, sutilmente, pedidos. Como sabemos, afinal, ninguém pode dar aquilo que não tem.

Enquanto isso, no **GPTW**...

Não dá para passar por esse tópico sem contar a história de uma pessoa muito especial no time do GPTW.

Nós a chamamos de Maroca!

Sua posição, dentro da companhia, é o que muitas empresas instituem como: "A tia do café". Ela quem nos recebe com pãezinhos de manhã…

"É para começar bem o dia!", diz.

E com salgadinhos na hora do almoço…

"Pra dar aquele tchan!"

Além do suquinho de frutas no final da tarde!

"Senão, quem é que aguenta?!"

Mas não se engane.

A magia por trás da Maroca vai muito além de nos deixar gordos. Ela também se preocupa se estamos bem. Está sempre disponível para conversar, dar um conselho ou um abraço.

A Maroca, no fundo, sempre foi uma grande líder.

Foi por causa disso que aconteceu o que aconteceu.

～

– Pessoal, reuni a empresa aqui para falar da Maroca. Vem aqui, Ma!

Ela, toda tímida, foi ficar ao lado do CEO, na frente de todo mundo.

– A Maroca está com a gente há quinze anos. Ela faz o incrível trabalho de cuidar do clima dentro de uma empresa de pesquisas de clima!

Todo mundo riu.

– Mas, mesmo assim, estávamos cometendo uma injustiça enorme!

Nessa hora, a porta abriu e entrou uma criança.

Era o Vitor, neto da Maroca.
Atrás dele, a família inteira!
– Vó, pra você!
Ela abriu o presente que o menino trouxe.
Estava ganhando, pela primeira vez na vida, seu bloco de cartões de visita.
Ali, bem abaixo do logo do GPTW, estava escrito:

Mariana Araújo, "Maroca"
Madrinha do Bem-Estar

Foi um dia inesquecível.
Uma pena que, pouco tempo depois, por causa da pandemia, o escritório tenha sido fechado e ela tenha sido demitida.

~

Brincadeira!
A Maroca continua firme e forte no time do GPTW. Digitalmente, ela faz vídeos sobre autocuidado. Desde a importância da boa alimentação até técnicas de *mindfulness*.
Valeu, Maroca!

Resumindo!

1º Cuide da **saúde mental**

É onde você, líder, mais pode fazer diferença! Crie caminhos para que sua equipe valorize e busque uma boa condição psicológica. Acredite, sem isso, a performance simplesmente não existe.

2º Veja a **essência** de cada um

Cuidar, mais do que qualquer outra prática, precisa ser uma atitude individualizada. Isso porque cada ser humano tem necessidades próprias. Seja menos chefe e mais parceiro, abra verdadeiros canais de diálogo (a Roda da Vida é só o começo!).

3º Saiba o **limite**

Sim, a pessoa tem uma vida! Mesmo sabendo que, mais do que nunca, o trabalho e o universo pessoal estão integrados, o líder precisa criar limites. No fim, essa é a forma mais simples, adequada e poderosa de demonstrar respeito.

greatleadertowork.com/cuidar

Acessando este QR Code você poderá fazer uma **autoavaliação** para saber, afinal, se você é um líder que sabe **cuidar das pessoas.**

Guardei essa para o final...

A frase "Minha avó não está bem" está na lista oficial das desculpas mais esfarrapadas do escritório.

Está na mesma lista de "O trânsito hoje estava fogo!", foi criada pelo mesmo autor de "Vamos remarcar? Minha internet está dando pau hoje!".

– Dani, posso sair mais cedo? Minha avó não está bem.

Foi o que a gestora Daniele Benco, da G&P Projetos e Sistemas, escutou.

Bem na fase mais crucial do projeto.

Bem dele, que era um dos únicos técnicos capazes de realizar a operação.

E, levando tudo isso em conta, ela respondeu...

– Claro.

Não foi uma decisão fácil, obviamente. Porém, pensando aqui, muitas vezes a gente consegue reorganizar as coisas. Não é fácil, dá trabalho... Mas dá.

No dia seguinte, ela recebeu a notícia. A senhora tinha falecido.

Imagina se você, nessa situação, fosse um líder pautado pelo controle, e não pela confiança?

Teria que viver, pelo resto da vida, sabendo que impediu o neto de conversar com a avó pela última vez.

Cuidar é a primeira atitude para conseguir equipes de alta performance. Afinal, as pessoas precisam estar em boas condições (físicas e mentais) para realizar o melhor trabalho possível!

Mas, justamente por ser a primeira, é o que podemos chamar de "o mínimo".

Honestamente?

A próxima prática é o que separa um time bom de um time excepcional.

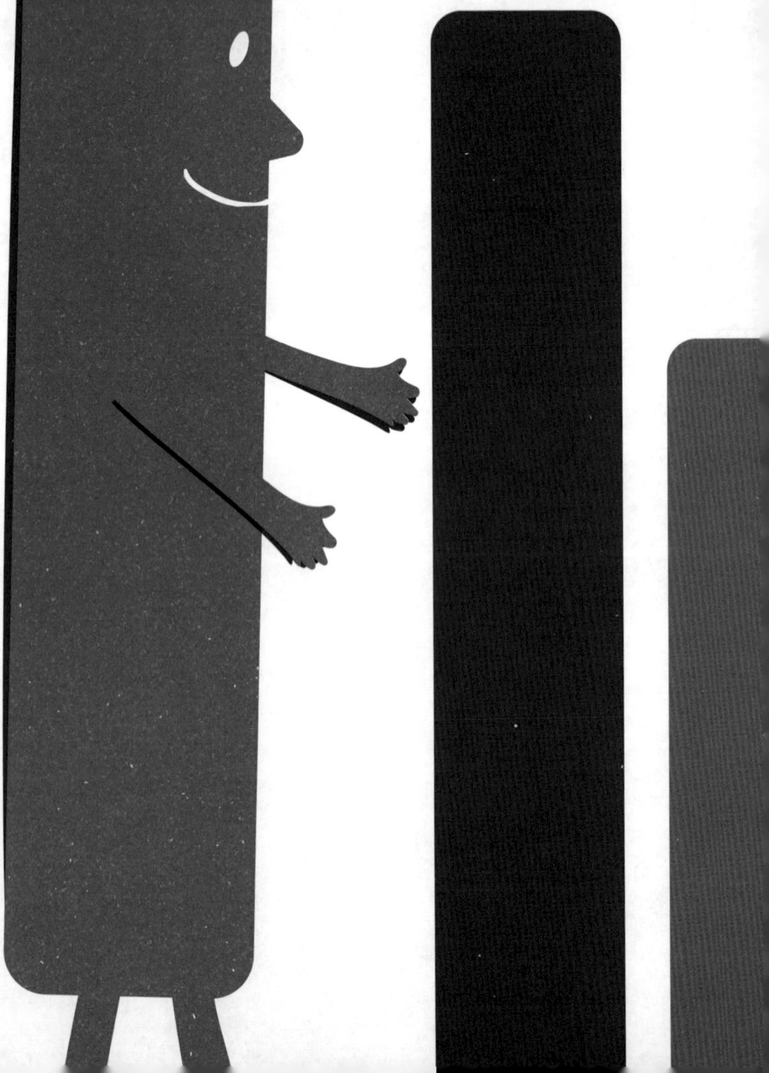

DeSENUOlVeR

– Éder, pega com a esquerda!

Soco. Soco. Soco na cara.

– Não, Éder! Com a esquerda! Derruba ele com a esquerda!

Soco. Soco. Soco no queixo.

– Meu Deus, Éder! Com a esquerda, já falei! Você chama isso de boxe?!

Kid Jofre mandou interromper o treino.

Puxou o filho para o canto do ringue e desceu lenha.

– Se você não pegar com a esquerda, vai sobrar picadinho de Éder.

– É que estou acostumado a bater com a direita!

– Não tem problema, eu vou te desacostumar.

Pegou uma corda e, literalmente, passou ao redor do rapaz. Mandou o filho de volta para o ringue *com o braço direito amarrado*.

– Pronto! Agora ou usa a esquerda, ou vai ter que bater com a testa!

~

– Pai, o que a gente tá fazendo aqui?

– Não é pai. É treinador.

– Tá certo, então. Treinador, o que a gente tá fazendo aqui?

– O pessoal da academia era muito mole. Continuar treinando com eles não ia melhorar você. Já esse povo daqui… Eles sim! Eles só têm o boxe.

O guarda abriu o portão e trancou os dois para dentro.

Eles já estavam em roda. Um deles, passando o chapéu das apostas. Eram os detidos do presídio municipal.

– Esses são seus novos companheiros de treino, Éder.

~

– Pai, tem tudo nesse hotel! Tem piscina, tem massagem, salão de jogos!

– Estou preocupado.

– Porque é nossa primeira luta nos Estados Unidos?

– Porque você está um quilo acima do regulamento.

– Eu vou perder.

– Eu sei que vai. Você disse que tem de tudo no hotel, não é?

Passaram uma semana trancados.

Treinando boxe dentro da sauna.

~

Graças ao seu pai, Éder Jofre terminou sua carreira com setenta e cinco vitórias, sendo cinquenta por nocaute.

Tricampeão mundial.

E único brasileiro no hall da fama do boxe.

Líder é quem **desenvolve**

Como você já sabe, escrevi este livro para comemorar meus dez anos de trabalho no GPTW. Nesse tempo, muita coisa mudou. As demandas das equipes vão variando e as companhias – e líderes – correm para continuar antenadas.

Mas tem *uma coisa* que nunca mudou.

O principal motivo pelo qual alguém continua trabalhando em uma empresa.

A nossa pesquisa nacional revelou que 45% das pessoas das melhores empresas de 2020 apontam *oportunidades de crescimento* como a principal razão para ficarem na companhia!

É, de longe, a razão mais votada. Tem sido assim na última década e muito antes disso também. Sim, as equipes querem se *desenvolver*.

Mas e as pessoas jurídicas? Ganham alguma coisa com isso?

Neste assunto, sempre gosto de comparar o **Custo do Desenvolvimento** *versus* o **Custo da Ignorância**.

Custo do Desenvolvimento é o programa de treinamento, a plataforma contratada, os materiais utilizados e o próprio tempo das pessoas, dedicadas para aprender alguma coisa nova.

Custo da Ignorância são aqueles trabalhos feitos dez vezes, até que fiquem mais ou menos bons, porque ninguém sabia direito como resolver.

– Você vai passar isso aí pro Carlos fazer?

– Ia. Melhor não?

– Cara… Vamos chamar um fornecedor?

Não é por acaso que a pesquisa da *American Society for Training and Development*, com 2.500 instituições, viu que as empresas que investem em treinamento têm um índice receita/pessoa 218% maior.

É sério: 218%.

Por que você acha que, em 1998, as 100 melhores empresas para trabalhar gastavam 30 horas por indivíduo com treinamentos, e hoje o número subiu para quase 50 horas?!
Coincidência?
Bondade?
Promessa?!
Não, querido. Resultado.

Qual a maior **ferramenta de desenvolvimento?**

Não existe boa engenharia feita por engenheiro ruim.
Não existe boa educação com professor meia-boca.
Não existe medicina de primeira com médico de quinta.
O limite da performance da sua área está diretamente ligado aos limites individuais. Está na hora de *desenvolver* a equipe.

> **"A maior habilidade de um líder é desenvolver habilidades extraordinárias em pessoas comuns."**
> *Abraham Lincoln*

Lição **Nº 1**

desenvolver
não é criar uma
**fábrica de
gestores.**

O forte depoimento de Elizabeth Gilbert:

"Eu sou escritora.
Escrever livros é a minha profissão. Mas é mais do que isso, é claro. É também o grande amor e paixão da minha vida. E espero que isso nunca mude.
Mas, dito isso, algo muito incomum aconteceu recentemente na minha vida e na minha carreira. Isso redefiniu completamente minha relação com este trabalho.
É que recentemente escrevi este livro, este romance... Que, decididamente, ao contrário dos meus livros anteriores, saiu para o mundo por algum motivo, e se tornou um enorme sucesso literário internacional.
O resultado disso é que, aonde quer que eu vá, as pessoas me tratam como se eu não tivesse esperança.
Por exemplo, elas se aproximam de mim, muito preocupadas e dizem:
– Você não tem medo de nunca superar esse sucesso?
– Você não tem medo de continuar escrevendo por toda a sua vida e nunca mais criar um livro que alguém no mundo se importe?"

De fato, *Comer, Rezar, Amar* teve uma carreira impressionante.
Além dos 4 milhões de exemplares vendidos em inúmeros países, também virou um filme estrelado por Julia Roberts.
Entre nós, qual é a chance estatística de Elizabeth superar o próprio número? Baixa? Baixíssima? Ou quase nenhuma?
Pois é.
Mas isso não impediu que ela continuasse escrevendo.

O que eu quero dizer com isso é que "superar minha marca anterior" não é a única motivação possível. Algumas pessoas são simplesmente felizes com o que fazem!

Isso vale para números e para cargos. Uma empresa não se sustenta se, no fundo, todo mundo tiver o sonho secreto de ser CEO. A relação candidato-vaga fica bem problemática.

Entenda, como líder, você não está lá para criar uma fábrica de gestores! Afinal, muitas vezes, progredir significa ficar no mesmo lugar, simplesmente com mais competência.

Sobre isso, já que lemos o depoimento da Elizabeth, agora quero fazer o meu.

Em determinado momento, na minha história no GPTW, recebi uma triste notícia.

– Cauê, os resultados da sua área estão indo muito bem! Parabéns!

Calma, a parte ruim vem agora.

– Por isso, nós vamos quadruplicar o número de pessoas!

Nessa hora tive que *abandonar* todas as palestras e sessões de treinamentos que aplicava para líderes e me dedicar, inteiramente, à gestão de pessoas. É como dizem, o maestro é o único músico que não produz nenhum som. A partir daquele momento minha vida seria ficar de costas para a plateia.

Sabe o que eu descobri?

Que não era a minha praia.

Que não me fazia feliz.

Não me entenda mal! Ser líder é uma profissão linda, e agradeço todos os anos que exerci a profissão! Só que, ao contrário do senso comum, não é algo que todas as pessoas desejam. Não preenchia meu coração. Eu gostava mesmo era de tocar oboé! (Se não ficou claro, é no sentido metafórico. Nunca tentei tocar oboé.)

No final do ano tive uma conversa honesta com todos os gregos e todos os troianos. Ficou decidido que eu me dedicaria ao que eu realmente gosto de fazer. Estar com os líderes do país e ajudar no desenvolvimento deles – que é a missão deste livro, por acaso.

Ou seja, não é adicionar um "C" no começo do cargo (COO, CFO, CIO, CMO, CTO, CHRO…) que define o sucesso profissional de alguém. Mesmo em termos práticos, não é isso que define o salário. O quanto uma pessoa ganha é diretamente proporcional à sua raridade.

Carreira em Y

especialista	liderança
conselheiro	presidente
doutor	diretor
mestre	gerente
especialista	coordenador
consultor	supervisor

analista
assistente
trainee
estagiário
aprendiz

Seja pelo escopo, seja pela qualidade, seja pela repercussão. Quanto mais raro é o trabalho de alguém, mais poder e valorização esse alguém terá.

Como líderes, qualquer um de nós teria dificuldade em substituir o Antônio Fagundes no elenco, mesmo com tantos atores por aí. Imagina achar alguém para substituir o Oscar Niemeyer? Dureza, embora milhares de arquitetos se formem todos os anos. Repor o LeBron James no time é uma tarefa quase impossível! Mas, no fim do dia, o que ele faz é "só" jogar basquete.

Como líderes, precisamos direcionar o desenvolvimento de cada pessoa da equipe de acordo com a vocação de cada um. Existem aqueles que são possíveis sucessores, existem aqueles que serão superespecialistas.

E não, provavelmente não são a mesma pessoa.

A dona Rose

Conheci a história da dona Rose fazendo o curso *Leadership and Customer Experience*, nos Estados Unidos, sobre a metodologia de Gestão da Disney. O causo ficou muito famoso por lá.

Contam que, um dia, uma equipe de consultoria começou uma pesquisa com o pessoal da operação. Foi assim que apareceu, na sala de entrevistas, uma senhorinha fofa, daquelas que estão sempre sorrindo e despertam na gente a vontade de guardar em um potinho, sabe?

– Dona Rose?

— Sou eu, querido.
— Recepção do Magic Kingdom?
— Com certeza!
Olharam as fichas.
Mesmo com o melhor NPS da área, nunca foi promovida!
Esqueceram a mulher por 55 anos conferindo ingressos na entrada do parque! Seria a Disney um reino não meritocrático?!
— Você nunca recebeu uma oportunidade de promoção ou mudança de área para novos desafios?
— Ah, meu filho… Eu recebi várias! Sou muito requisitada!
— E a senhora não aceitou?!
Ela olhou com carinho para o entrevistador, e respondeu:
— Aí eu ia perder a oportunidade de dar o *primeiro sorriso* para quem estivesse conhecendo nosso parque!

Lição **Nº 2**

não crie um plano de carreira para **outra pessoa.**

Tive um almoço interessante com o diretor de uma das maiores empresas de óleo de gás do Brasil.

Alguém que estava na mesa, entre uma garfada e outra, perguntou:

— Como foi que você virou diretor?

Nunca me esqueci da resposta.

— Sinceramente? Não pensando em ser diretor. Quando era estagiário, só queria ser o melhor estagiário! Quando era especialista, só queria ser o melhor especialista! Quando era gerente, só queria ser o melhor gerente! As coisas foram acontecendo, não tinha um grande plano.

Veja bem... Não estou defendendo, aqui, que você viva uma vida "hippie", se agarrando às oportunidades que aparecerem sem nenhum critério, nem coerência entre elas (e nem vou te julgar se você fizer isso).

O que eu estou dizendo, de maneira simples e direta, é que *a vida não cabe em um Excel.*

A gente até tenta entuchar ela lá dentro, mas a verdade é que não dá.

Portanto, montar um Plano de Carreira é apenas um ponto de partida. Na hora do jogo, decisões importantes terão que ser tomadas! Decisões que, literalmente, mudam vidas.

"Aceito aquela promoção para uma área diferente?"

"Aceito substituir o meu gestor, que tanto confiou em mim?"

"Aceito ir para outra empresa por causa do salário, mesmo amando o lugar onde eu estou?"

Trilho de carreira ✗ **Trilha de carreira**

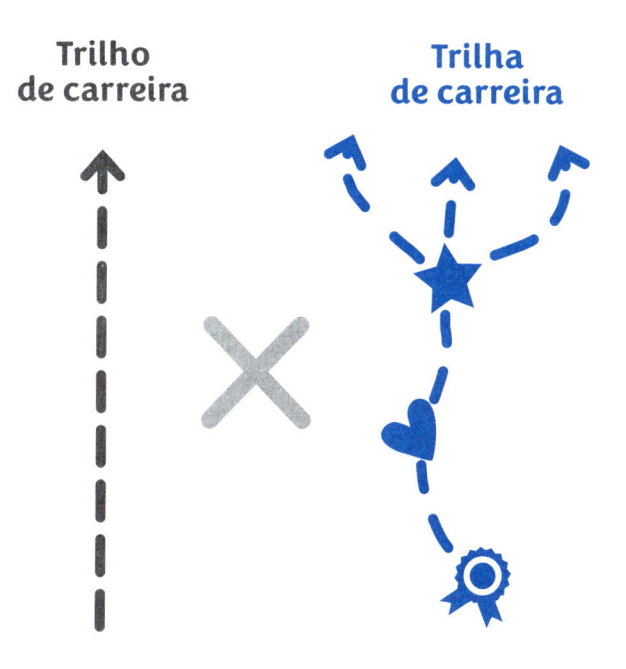

Então, cuidado para não achar que *desenvolver* alguém é montar um Plano de Carreira para outra pessoa. Isso é mais do que irresponsável, é invasivo!

Cada um é responsável pelo próprio caminho.

Não é por acaso que tanto a liderança da Whirlpool quanto a do Google apoiam o pagamento da educação das pessoas com uma verba.

Dinheiro que a própria pessoa decide como vai gastar! Deve haver, apenas, uma mínima relação com o trabalho (difícil um Analista de Dados explicar um Curso de Potes de Cerâmica), e mais nada. Ninguém vai instituir "estude isso!", "treine aquilo!".

A pergunta que vem à cabeça, claro, é: "Mas, então, como eu – líder – vou influenciar no desenvolvimento das pessoas? Tem algum jeito?".
Calma.
Tem três.

Líder Coach
Ajuda a pessoa a olhar para si mesma.

Esse líder não chega com nenhuma resposta, só com um monte de perguntas. Faz a pessoa refletir sobre os próprios objetivos.

Afinal, ninguém que estiver "solto, sem para onde evoluir", vai entregar alta performance, concorda?

Frase comum? "Mas o que é que te deixaria feliz?"

Líder Consultor
Senhor do papo-reto!

Vai mostrar, na real, quais são as possibilidades de crescimento dentro da empresa, considerando tudo que tiver pra ser considerado (mercado, políticas, estratégia etc.).

A ideia não é dar banhos de água fria, muito pelo contrário! É achar possibilidades tão realistas que a pessoa sinta que vale a pena se esforçar.

Frase comum? "Acho que tem uma coisa boa aqui!"

Líder Avaliador

Especialista em *feedbacks*. Não só os institucionais, na sala fechada, mas também os do dia a dia!

Delicadamente, faz a pessoa virar um profissional melhor em uma conversinha de café.

Frase comum? "Sabe aquele nosso último trabalho?!"

~

Dos três? Qual é o ideal?
Todos!
É preciso escolher o momento certo para ser o Coach, para ser o Consultor e o Avaliador. Minha sugestão é que você se pergunte, em relação a cada pessoa do seu time…
De qual líder ela precisa *agora*?

Os **70, 20, 10**

– Olha que artigo legal nessa revista!

Quantas vezes ouvi nosso CEO dizer essa frase, deixando um material na minha mesa?

– Olha esse TED! É sensacional!

Ou enviando link no WhatsApp, como quem não quer nada.

– E aí, conseguiu dar uma olhada?

O desenvolvimento não acontece só naquelas sessões formais de treinamento, com todo mundo sentadinho fazendo anotações.

Desenvolvimento tem que ser parte da vida! Como líderes, mais importante do que marcar hora para cuidar da evolução do time, é adotar isso como uma postura. Uma rotina.

70% de experiência na prática

20% interagindo com os outros

10% aulas e treinamentos

Um exemplo maravilhoso desse conceito aconteceu na empresa Mercado Eletrônico.

Eles ajudam outras companhias – algumas gigantes, inclusive – a fazerem transações comerciais pela web. Passando a régua, gerenciam a transação de R$ 100 bilhões por ano. É dinheiro, amigo.

Quem trabalha no segmento digital sabe que, todo dia, aparece uma novidade diferente. As linguagens mudam, as ferramentas evoluem, as possibilidades aumentam.

Não tem jeito, ou você fica antenado, ou você fica para trás.

O problema é que a liderança precisava que todo o time adotasse esse comportamento! E aí?! Como fazer centenas de pessoas mudarem seu jeito?! De quantos litros de Semancol ia precisar?

Não é uma coisa que se resolve com um e-mail geral.

– Pessoal, esta é a impressora nova!

– A velha quebrou?

– Não. Mas essa tem algo especial.

Pessoal ficou intrigado.

– Essa aqui… Só imprime figurinhas!

A equipe reagiu exatamente como você está reagindo agora.

Sem entender nada.

– Cada um aqui vai receber um álbum de figurinhas! É o *Álbum do Aprendizado*. Para preencher, a gente tem que colocar figurinhas dos momentos em que aprendeu alguma coisa nova.

– Mas como assim? Um curso?

– São dez páginas. Só uma é para treinamentos oficiais. Duas são para coisas que aprenderam com outras pessoas e as outras sete é para coisas que aprenderam no dia a dia. Num site, num livro, testando… o que for!

– A gente tira uma foto do momento, imprime a figurinha e cola no álbum?

– Quem completar primeiro, ganha um prêmio.

Resolvido.

Lição **Nº 3**

hora do **feedback.**

Uma dinâmica curiosa que vi alguns líderes fazerem foi perguntar, para suas equipes, o que significa *feedback*.

As respostas?

"Hora de apanhar."

"Aquela conversa seriona."

"Aqui se faz, aqui se paga."

"Bateu? Levou."

Análise interessante, não? E meio triste.

Por uma série de razões, o *feedback* ganhou essa cara desconfortável. Virou sinônimo de momento de tensão. E a principal explicação é muito simples! Os líderes dão *feedback* pelos motivos errados.

Segue, então, uma pequena lista de motivos pelos quais nós *não* devemos dar um *feedback* para alguém.

1) Desmoralizar alguém
"Eu já humilho um, aí os outros começam a respeitar."

2) Estar de mau humor
"Olha, hoje não estou com paciência pra sua demora!"

3) Demonstrar poder
"Você tem muito o que aprender comigo."

Então, quando dar um *feedback*?

Para clarear isso, vamos fazer um exercício que tem ficado famoso no mundo do RH! Por favor, responda à seguinte questão:

Qual a distância entre os Estados Unidos e a Rússia?

a) Cerca de 4 km.
b) Cerca de 400 km.
c) Cerca de 4.000 km.
d) Cerca de 40.000 km.

Não vale pesquisar na internet! A resposta, propositalmente, estará um pouco mais a diante.

E aí, já decidiu?

Mesmo?

Olhaaa, pensa bem.

Resolvido?

Tá bom. Hora de descobrir.

Antes, repararemos algumas coisas.

Qual a real relevância de saber a distância entre os Estados Unidos e a Rússia para você, neste momento? Por acaso, tem planos de fazer canoagem entre os dois países no próximo final de semana? Acredito que não...

Provavelmente, é uma questão absolutamente inútil.

E, *mesmo assim*, veio aquela ansiedade para procurar a resposta.

Queria saber se tinha acertado!

É isso. Nós gostamos de saber como estamos indo! Queremos um retorno sobre as coisas que fazemos!

Eu sei que parece contrassenso, mas a realidade é que nós *amamos feedbacks*. É detestável escrever para ninguém ler, construir para ninguém olhar, montar para ficar guardado.

Qualquer pessoa que já viveu o "visualizou, mas não responde!" no WhatsApp sabe do que estou falando.

A regra número zero, portanto, é dar o *feedback* quando ele for importante para o outro! Trazer a verdade de forma que seja útil e aplicável para quem recebe!

Não é muito difícil ver a importância que os *feedbacks* têm na nossa vida.

Pense no profissional que você é hoje, e lembre-se do profissional que você era, lá no comecinho. Muita coisa mudou, não foi?

Por quê?

Lembre-se dos líderes que passaram pela sua vida! De como você chegou até aqui, em grande parte, por causa deles. Daqueles momentos que te fizeram aprender coisas novas.

Momentos que, de algum jeito, compõem a pessoa que você se tornou.

A propósito, a resposta é A.

Não foque nos **pontos fracos**

– Vincent, você tem uma excelente competência técnica e muita criatividade. Mas, sinceramente, caráter pouco empreendedor e nenhuma aptidão comercial. Vamos esquecer um pouco as atividades manuais e focar em melhorar suas habilidades de negociação. Combinado?

Parabéns, acabamos de destruir Vincent Van Gogh.

– Steve, você é um excelente coordenador! Mas suas habilidades técnicas estão um pouco aquém das do resto do time. A ideia é a seguinte, no próximo ano, vamos esquecer os novos projetos e dar força total em cursos de especialização.

Parabéns, acabamos de eliminar Steve Jobs.

Cada pessoa traz uma contribuição pessoal, relacionada com sua personalidade e vocação. O líder está ali para identificar o potencial individual de cada um e fazer aquilo crescer.

Florescer o lado bom é mais útil que resolver o lado mediano.

Isso não significa, é claro, admitir o inadmissível. Cada posição precisa de competências mínimas. Simplesmente não dá para aceitar um programador HTML que não saiba ligar o computador, nem um político que tenha medo de falar em público.

Mas, uma vez que os patamares básicos estejam resolvidos, *olhe para o potencial, não para a lacuna*.

> **Resumindo!**

1º Gestor ou **superespecialista**?

Muitas vezes, por causa do ego, líderes acham que o único caminho para ser "bem-sucedido" é repetindo o que eles mesmos fizeram. Cuidado! Algumas pessoas do seu time estão muito felizes onde estão. Isso não significa que elas não queiram se *desenvolver*! Ao contrário! Podem ser ainda melhores no que fazem!

2º **Não decida** pelos outros

O responsável pela carreira de alguém é a própria pessoa. Você não está lá para definir os rumos profissionais de ninguém, e sim para ser um parceiro. Trazendo reflexões (líder coach), mostrando possibilidades (líder consultor), e com avaliações úteis (líder avalista). Isso tudo no dia a dia, considerando o 70, 20, 10.

3º *Feedback* **bem-intencionado**

O *feedback* tem que ser motivado pelo bem do outro. Conversas constantes e honestas, ao contrário do que parecem, vão criar proximidade, e não afastamento! É o momento de ajudar a pessoa a destravar seus potenciais, dizendo a verdade sem perder a candura.

greatleadertowork.com/desenvolver

Acessando este QR Code você poderá fazer uma **autoavaliação** para saber, afinal, se é um líder que sabe **desenvolver pessoas.**

Guardei essa para o final...

Sarah Barton terminou de tocar a suíte nº 3 de Johann Sebastian Bach em dó maior. Era uma aula especial! Com uma pequena plateia.

Ela sabia, apesar das suas habilidades como violoncelista, que não ia escapar de ouvir um pitaco ou dois do maestro.

Sabemos como são os líderes. Eles adoram dar um pitaco ou dois.

Benjamin Zander foi ao lado dela, no palco, e começou:
– Sarah, você é uma violoncelista maravilhosa. Uma musicista absolutamente fantástica. É um prazer te escutar.

Ela sorriu.
– Mas que tipo de música é essa, mesmo?
– É uma dança – ela respondeu.
– Uma dança! Exato! É uma dança! – Ele fez um segundo de silêncio, depois continuou: – Sarah... Você viu alguém com um desejo irresistível de se levantar e dançar enquanto você tocava?!

Ela riu de nervoso.
– ...Não.
– Nem eu! E talvez...

Apesar da idade, o maestro arrastou uma cadeira até um homem aleatório na plateia.
– Venha aqui, Sarah! Venha aqui!

A garota se sentou naquela cadeira, de frente para o desconhecido.

– Sarah, este é o Michael. Michael teve uma semana muito, muito difícil!

Todos riram, inclusive o "Michael".

– Agora vem você, Sarah! Para lembrar o Michael que *a vida é linda*! Esse é seu trabalho, certo? Você está preparada?

Ela se aprumou.

– Dê para ele a mensagem mais clara possível, Sarah! *A VIDA É LINDA!*

Ela recomeçou.

A mesma música, o mesmo instrumento.

Outra alma.

Enquanto tocava, o maestro – empolgado – passeava pelo público e soltava frases, apontando para pessoas diferentes.

"Este é o Emmanuel, ele precisa muito de você!"

"Esta é a Ana, ela perdeu um amor!"

E assim foi, durante a canção.

No final, todos aplaudiram Sarah de pé.

~

Existem três práticas para criar times de alta performance.

A primeira é *cuidar*. Ninguém pode dar o melhor se estiver "na pior". A segunda é *desenvolver*. Pois não existem empresas boas feitas por pessoas "mais ou menos".

Com elas duas, o time tem tudo de que precisa para uma atuação fantástica.

A única questão é se eles vão *querer* dar o melhor. Afinal, como você já sabe, trabalhar… dá trabalho.

A próxima prática que você aprenderá é a *chave psicológica* deste bloco. É a grande técnica para fazer as pessoas pensarem: *Vale a pena! Por esse líder… eu vou entregar a mais!*

AGRADECER

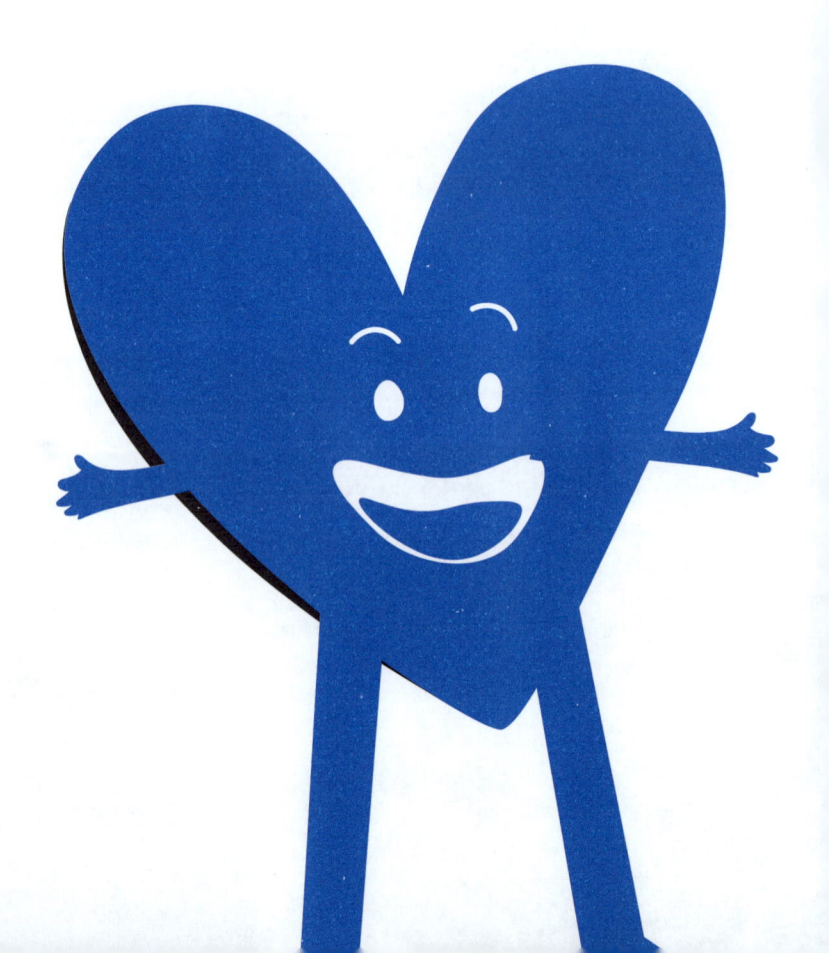

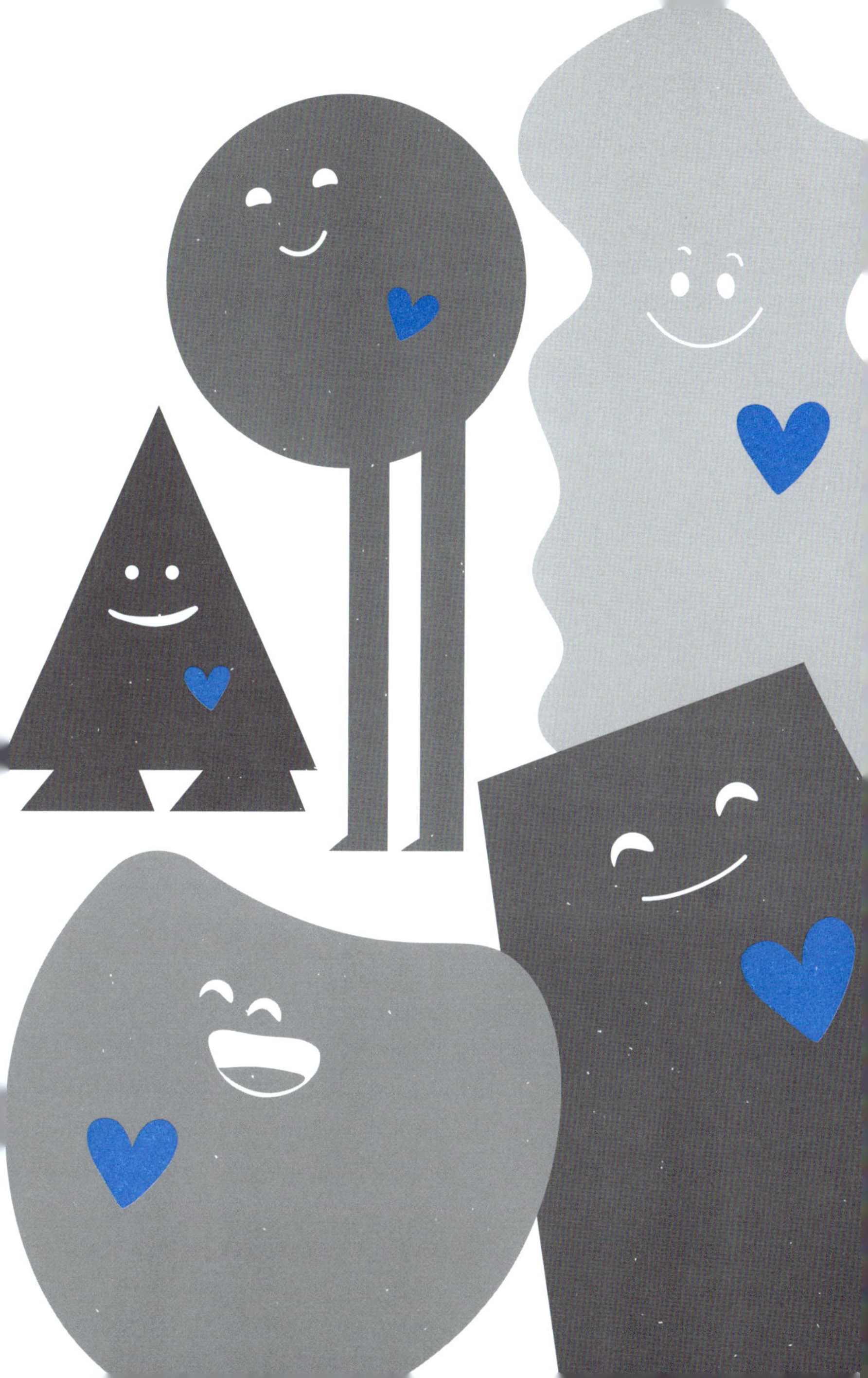

O nome dele é Kevin John Wasserman, mas ele próprio costuma dizer…

– Kevin? Só a polícia me conhece assim! Pode me chamar de Macarrão.

Pois bem.

Macarrão tinha dois empregos.

De manhã era zelador em um colégio de Ensino Médio. Ajudava a garantir que tudo estivesse organizado, limpinho e que nenhum aluno fugisse pelo portão dos fundos para cabular a aula.

– Macarrão, seu trabalho é essencial para nós! Muito obrigado!

– Imagina, chefe.

– Você vai ficar com a gente pelo menos até o final do ano, né?

– Claro. Prometido!

– Que bom!

O que poucos sabiam é que, de noite, Macarrão era guitarrista.

Tocava em uma bandinha com os amigos. E não estavam indo mal, viu?! Sempre aparecia um barzinho onde conseguiam tirar um extra.

De boteco em boteco foram juntando um dinheirinho até gravarem seu próprio disco. Se chamava *Smash*.

Até hoje, é o álbum independente mais vendido de todos os tempos.

Depois, conseguiram contrato com uma gravadora e fizeram outro disco que vendeu cinco milhões de cópias, entrando para os dez maiores sucessos da *Billboard*.

— Macarrão, o que você tá fazendo aqui?! Eu acabei de te ver na MTV!

Perguntou um aluno, vendo o guitarrista do Offspring trabalhando como zelador da escola.

— É que eu prometi para meu chefe que ia ficar pelo menos até o final do ano.

~

Essa história sempre me lembra de uma noite que tive, em 2014, no evento anual das Melhores Empresas do Brasil para Trabalhar.

Quase duas mil pessoas em um jantar de gala no Espaço das Américas. Estavam anunciando, nome a nome, todas as 150 vencedoras. A cerimônia era sempre a mesma: nome, troféu, foto, beijo.

Mas, de repente, uma empresa chamou atenção.

Quem subiu no palco para receber o prêmio?

Não foi o diretor, nem o CEO, nem o sócio majoritário.

Como forma de *agradecer* os bons serviços prestados, a liderança da empresa escolheu o Seu Otávio, há mais de 27 anos porteiro do prédio.

~~A dedicação gera o agradecimento.~~
O **agradecimento** gera a dedicação

A psicóloga Sara Algoe, da Universidade da Carolina do Norte, testou o poder do *agradecimento*. Deu, como teste para um grupo, uma tarefa: "Temos, aqui, um texto feito por outra pessoa. Gostaríamos que você desse uma revisada".

O material, depois, foi enviado por e-mail. Metade dos "revisores" recebeu uma resposta mais ou menos assim: "Muito obrigado!".

A outra parte recebeu uma resposta mais ou menos assim: "Recebido!".

No dia seguinte, a mesma turma recebeu mais um pedido de ajuda! Vindo da mesma pessoa do dia anterior!

69% dos que receberam o agradecimento ajudaram.

Só 32% dos que não receberam fizeram o mesmo.

Também acho impressionante.

Mas a coisa fica ainda mais curiosa!

Essas mesmas pessoas receberam um NOVO pedido de ajuda. Mas, desta vez, de um terceiro, que não tinha nada a ver com a história.

Mesmo assim...

55% dos que receberam o agradecimento deram uma mãozinha.

E só 25% entre os que não receberam um "muito obrigado" antes.

~

Não é por acaso que o estudo da Gallup, apresentado no livro *How full is your bucket*, com mais de 2 milhões de pessoas, deixou bem claro: reconhecimento é o principal fator que influencia o engajamento da equipe!

A informação de ouro, no entanto, veio de uma análise de 2011 da John Templeton Foundation.

A terrível conclusão é que o ambiente de trabalho é o lugar onde as pessoas menos agradecem. Sete a cada dez entrevistados disseram que gostariam de ter um chefe mais agradecido.

Percebeu a oportunidade?

Agradecer é a prática que diferencia líderes comuns de líderes excepcionais.

Chokitto

Esse é o nome do meu cachorro.

Pegamos ele numa entidade de doação de animais, uma graça!

Mas, quando chegou, fazia xixi na casa inteira.

Começamos a ensinar. Para cada vez que o Chokitto urinasse no lugar certo (um tapetinho higiênico no canto da área de serviço), dávamos um biscoito de *agradecimento*.

No fim, o bichinho nos surpreendeu!

Chokitto não apenas começou a fazer as necessidades no ponto correto, como também criou uma técnica de parcelamento do xixi. Funciona assim: ao invés de fazer tudo de uma vez, dividia em pequenas porções, para ganhar mais biscoitinhos.

Esse cachorrinho é fogo!

Lição Nº 1

siga o script.

A dinâmica do *agradecimento* tem um ritual muito simples, mas que precisa ser cumprido. São três etapas que pretendo abordar agora, para garantir que você saia daqui sendo um *agradecedor* de primeira linha!

Ou seria um *agradecente*?

Ou um *agradecista*?

Enfim, vamos a elas.

Primeiro: saiba **a quem**

– Pai, que lugar gigante!

– Cuidado para vocês não encostarem em nada! É tudo muito caro!

A liderança de uma grande fabricante de peças automotivas brasileiras teve uma excelente ideia. Premiaram os melhores operadores da fábrica.

– Amor, que gente elegante. Você viu a postura deles?

– É postura de rico. A pessoa vai ficando rica e vai melhorando a coluna!

Cogitaram uma bonificação em dinheiro, mas perceberam que seria mais simbólico custear uma viagem para o Salinas Maragogi All Inclusive, um dos resorts mais elegantes do país.

– Senhores, o quarto de vocês é o 1068.

Além do condomínio luxuoso, o espaço dispõe de atividades como piscinas, academia, arco e flecha, tiro ao alvo, quadra de vôlei de praia, quadras de tênis, trilhas ecológicas, escalada, spa, sauna, caiaque, shows noturnos, bares e restaurantes de altíssimo nível.

São mais de 66.000 m² em frente ao mar, além do Rio Maragogi, que cruza lindamente pelo meio do hotel.

A família se instalou, ficaram dois dias, foram embora.

Depois, nas entrevistas, o operador confessou.

– A gente não saiu do quarto.

– Como assim, vocês não saíram do quarto? Nem pra comer?!

– Não, a gente pedia pelo telefone, eles traziam uns pratinhos.

– Meu Deus! Mas por quê?!

– Aquele povo no hotel era muito aprumado, muito chique. A gente não tinha roupa pra se sentir bem no meio deles.

~

A intenção foi ótima.

Mas faltou entender quem, exatamente, eles estavam agradecendo.

Nunca se esqueça daquela máxima sobre empatia que diz que não devemos tratar o outro como gostaríamos de ser tratados. Na verdade, devemos tratar o outro como o *outro* gostaria de ser tratado.

Segundo: saiba o **porquê**

Muitas vezes os programas de "Funcionário do Mês" acabam criando problemas. Isso acontece quando são criados sem uma explicação clara e objetiva dos critérios.

– O funcionário deste mês é... o Ricardinho!
– Mas por que o Ricardinho?
– Ah, porque o Ricardinho é muito legal!

O mais estranho é que, nesses casos, nem o próprio "Ricardinho" sabe por que foi escolhido. As pessoas começam a entender a atividade menos como um *agradecimento*, mais como um rodízio.

Qualquer premiação deve ter uma metodologia transparente e tangível. Ou seja, não apenas saber *o que* se mede, mas também *como* se mede.

Isso também vale para o *agradecimento* "de corredor". Quando for dizer obrigado para alguém, seja bem claro no porquê.

Se a pessoa não entende o que foi que ela fez para gerar aquela reação, como ela vai saber qual ação deve repetir?

Terceiro: saiba **como**

É bem comum os departamentos de RH darem, para os líderes, um arsenal do *agradecimento*. Várias situações que são mapeadas – ou criadas – justamente para isso. Comemoração pelo tempo de casa, aniversário, chegada do PLR, festa do final de ano...

Dentro de tantos formatos, como líderes, precisamos entender que o canal muda a mensagem. Por exemplo, pode ser um tanto desproporcional você falar, do alto do palco, atrás do púlpito, com a empresa inteira escutando:

– Por fim, gostaria de agradecer ao Cléber. Grande Clébão! Que, na última quinta-feira, segurou a porta do elevador para mim.

Maaas... também não faria sentido mandar um mero e-mail dizendo:

Cléber,
Obrigado por ter doado seu rim para meu filho.
Achamos muito legal.
Att.

Depois de compreender a quem e por que se está agradecendo, eleja o canal adequado para isso, de acordo com a importância daquela atitude.

Lição **Nº 2**

não siga o **script.**

Certa vez, em uma companhia na qual realizamos uma consultoria, conhecemos um líder que recebia péssimas notas em sua pesquisa de clima. Era o tipo de situação que chamamos de "ódio unânime". Você já deve ter visto algo assim.

Finalmente, tivemos uma longa conversa sobre diversos dos *Giftworks* que estão neste livro. Mas o papo foi ainda mais duro quando falamos do *agradecer*.

Afinal, parte da equipe tinha dado depoimentos contando o seguinte: "Ele nunca agradece nada que a gente faz"; "Parece que nunca nada ficou bom"; "Sério, eu faço o trabalho com medo".

O líder ficou emburrado, mas disse que ia rever o comportamento. Daí, sem que soubéssemos, elegeu todo dia 28 para agradecer alguém.

O problema é que nem todo dia 28 alguém tinha feito algo bacana para merecer um agradecimento! E aí?!

Aí que ele agradecia mesmo assim.

– Obrigado, Dona Rosinha! Por fazer seu trabalho!

– Obrigado, Heládio! Por ter chegado no horário!

– Obrigado, Orlando! Pela energia!

Imagina que constrangedor?

Com o tempo, as pessoas começaram a *se esconder* para não ter que passar por isso. Naquela empresa, o dia 28 começou a ser chamado de O Dia do Palhaço. Havia um bolão para saber quem seria o palhaço da vez "agradecido" pelo chefe.

Faltou alguma coisa, não?

Meghan M. Biro, em uma publicação para a Forbes, elencou os principais critérios que fazem do *agradecer* algo realmente significativo. Entre eles, destaco que seja algo *pessoal e autêntico*.

Primeiro, sobre ser pessoal... Compare os dois exemplos!

Exemplo 1:
"Eu, como gerente, quero agradecer nosso time de vendas."

Exemplo 2:
"Eu, como gerente, quero agradecer a Haline, a Isabela e a Amanda!"

É óbvio ver em qual das duas as pessoas se sentiram mais impactadas, não? Agora, vamos ver a questão da autenticidade! Compare a continuação...

Exemplo 1:
"Afinal, elas tiveram uma performance significativa neste trimestre."

Exemplo 2:
"Afinal, elas chegaram a um resultado que eu fiz questão de mostrar com todo orgulho do mundo para a CEO! Ela ficou muito impressionada."

Percebe?

O *agradecimento* só é poderoso quando ele vem do coração.

Um experimento da **Intel**

Alguns líderes, dentro da organização, resolveram testar qual era a forma mais efetiva de bonificar alguém.

Separaram três grupos.

Grupo 1: Ganhou dinheiro.

Grupo 2: Ganhou vale-pizza.

Grupo 3: Ganhou um agradecimento direto do gestor.

Eu nem preciso te dizer que o terceiro grupo foi quem apresentou maior índice de motivação (e olha que eu amo pizza!).

Mas, o que surpreendeu mesmo, nesse experimento, foi a reação das pessoas que receberam dinheiro.

Inicialmente, ficaram muito felizes.

Mas, no médio-prazo, o feitiço virou contra o feiticeiro. Algumas das pessoas se colocaram em um patamar de superioridade e acabaram entregando… menos!

Ninguém está defendendo o não aumento salarial, combinado? Não dá para se alimentar de tapinha nas costas. Mas não deixa de ser curioso quanto a impessoalidade do dinheiro não ajuda na criação de vínculo entre o líder e sua equipe.

> **"Nada pode verdadeiramente substituir pequenas palavras de sincero apreço, bem escolhidas e ditas no momento certo."**
> *Sam Walton*

Autenticidade e pessoalidade são elementos que tornam um *agradecimento* poderoso. Portanto, quero sugerir que você experimente!

Agradeça alguém.

Agora.

Sério.

Abra seu WhatsApp, escolha alguém e um motivo sincero para agradecer. Mande brasa. Haja com seu sentimento genuíno.

O hábito de agradecer só fica prático quando você... pratica! Então sente o dedo. Aposto que você vai se sentir melhor!

Nunca esqueço quando estive aplicando um treinamento no Nordeste e desafiei um líder que não tinha esse hábito a fazer isso. Ele abriu o Outlook e fez! Depois, todo contente, veio me mostrar o resultado. Tinha respondido a alguém da equipe que havia concluído um relatório dizendo:

"Oh, cabra bom! :D"

Lição **Nº 3**

não agradeça **apenas** o bom **resultado.**

Durante a produção de um filme, existe um momento em que o diretor precisa definir qual cena fica, qual cena vai embora.

Ideias que pareciam ótimas! Mas o filme precisa caber em um tempo determinado, então elas precisam ser cortadas.

Por isso, a liderança da Dreamworks percebeu um grande risco.

A pessoa imaginava a cena.

A pessoa escrevia a cena.

A pessoa planejava a cena.

A pessoa realizava a cena.

E a cena era jogada no lixo.

A receita perfeita para criar um time frustrado!

Por isso, criaram uma premiação interna, um encontro especial com bebidinhas e canapés, para premiar os melhores materiais que não foram utilizados no corte final.

Um evento inteiro para *agradecer* ao time por todo material "inútil" que eles geraram.

～

Quando *agradecer* não é um costume, só acontece em momentos raros. O líder, portanto, que ainda não incorporou o hábito, só vai falar alguma coisa em situações realmente fantásticas.

— Finalmente batemos a meta de fim de ano! Obrigado a todos!

O problema é que essa é uma meta anual. Então, do ano inteiro, foram 364 dias mal-agradecidos.

Para você não esquecer, vou simplificar em uma frase.

Agradeça o ordinário, não apenas o extraordinário.

Uma boa inspiração está no esporte. Jogadores de vôlei se abraçam durante a partida, parabenizando cada pontinho. Jogadores de futebol se atiram uns sobre os outros depois do gol, e não só depois do apito final.

Aliás, dá para ir mais longe.

Jogadores de basquete sabem reconhecer quando um companheiro se esforçou e agradecem mesmo as jogadas que deram errado! Exatamente!

Quando foi a última vez que você agradeceu alguém da sua equipe por ter feito alguma coisa que não deu certo?!

Se você não faz isso, cuidado. Está minando a atitude das pessoas que tentam coisas diferentes e, portanto, matando a inovação.

Lembre-se: agradeça durante a jornada, e não apenas no destino final.

Lição **Nº 4**

conheça
o principal
beneficiado.

– Senhor Brian, o senhor preencheu o diário?

– Claro! E eu já não sabia que vocês iam me aporrinhar com isso no final do mês?

O velho entregou o caderninho.

Quarenta anos depois do final da guerra do Vietnã, ele e outros veteranos participaram de uma pesquisa psicológica. Os doutores Robert Emmons e Michael McCullough resolveram medir o impacto que a *gratidão* tinha nas suas vidas.

Os diários foram a ferramenta para separar os "gratos" dos "ingratos". Por exemplo, um trecho hipotético: "Ontem minha neta acordou chorando, choro de criança mexe comigo, incomoda mesmo de irritar. Um psicólogo ia inventar que tem relação com as crianças que eu escutei chorando escondidas no dia da invasão. Mas acho que é só irritação com o barulho agudo no meio da noite, ninguém gosta de acordar desse jeito. Fui até o quarto e minha filha já tava lá. Que bom, agradeci a Deus, se tá fazendo barulho é porque está viva".

Turrão? Genioso? Irritado?

Talvez.

Mas *agradecido*. Isso era o que contava!

Depois, a proporção matemática agradecimento/texto foi devidamente calculada e comparada, estatisticamente, com os exames médicos dos velhos combatentes.

O resultado é curioso.

Aqueles que tinham mais costume de *agradecer* eram os mesmos que não tinham estresses pós-traumáticos.

O principal **beneficiado é você**

A prática *agradecer de forma Giftwork* tem uma particularidade especial.

Diferente de todos os outros, tem um benefício especial para a própria pessoa que executa!

Tanto no nível psicológico...

A análise *How practicing gratitude can make you happier*, do mesmo professor, Dr. Robert A. Emmons, mostra que agradecer reduz uma infinidade de emoções potencialmente tóxicas. Por exemplo, ressentimento, frustração e arrependimento. De fato, é uma ferramenta útil para lidar com a depressão.

Quanto ao nível físico...

O estudo *Gratitude and Well-Being: Who Benefits the Most from a Gratitude Intervention?*, publicado na Applied Psychology, mostra que escrever sobre o que você é grato, quinze minutinhos antes de dormir, melhora a qualidade do sono, com diversos impactos para a saúde.

Por isso, por um minuto, gostaria de pedir que você tirasse o "chapéu" de líder. Só por dois parágrafos, eu prometo! Pela primeira vez neste livro, vamos ter uma conversa menos técnica, combinado?

Veja, agradecer tem, claro, uma repercussão enorme no time. Nós vimos isso! Mas mais do que isso. Esse *Giftwork* pode ter um impacto gigantesco no seu âmbito pessoal! Se eu puder, então, te deixar um conselho: exercite a gratidão.

Pode ser a diferença entre você conseguir, ou não, ver a beleza da sua própria vida.

Resumindo!

1º Use o **roteiro**

"A quem vou agradecer?", "Por que quero agradecer?", "Como vou agradecer?" Planeje para que a ação não fique solta. O bom agradecimento precisa ser certeiro, pois ele é a mola propulsora para fazer a pessoa continuar oferecendo o melhor que ela pode!

2º Haja com o **coração**

Sim, existe um roteiro. Mas nenhum agradecimento pode funcionar se ele não for motivado por um sentimento verdadeiro. As palavras-chave? Pessoalidade e autenticidade. Para criar vínculos reais, agradeça quando estiver agradecido. Simples, não?

3º Foco no **caminho**

Não vá cair no erro de só agradecer quando o trabalho estiver pronto, senão a equipe só estará motivada depois que não tiver mais o que fazer! Agradeça as intenções, as tentativas e até mesmo os erros! Sem eles, não existe construção.

4º Faça por **você**

Nenhum outro *Giftwork* tem tanto impacto sobre a nossa própria vida quanto este. É uma forma de melhorar sua qualidade de vida. Não se esqueça de que existe uma jornada maior que a jornada de trabalho, ok?

greatleadertowork.com/agradecer

Acessando este QR Code você poderá fazer uma **autoavaliação** para saber, afinal, se é um líder que sabe **agradecer às pessoas.**

Guardei essa para o final...

Dessa vez não vou terminar com um texto, e sim com um áudio.

Ele foi enviado por WhatsApp pela Dona Rosa, diretora de uma escola pública da zona sul de São Paulo, para a professora Juliana Coelho.

Em março de 2020, ela entrou para a equipe depois de anos batalhando pela vaga, ia realizar um sonho de trabalhar com as crianças da favela de Paraisópolis!

Quinze dias depois começou a pandemia.

As duas passaram o ano, claro, trancadas em casa. Construindo um negócio chamado "ensino remoto", que, até então, só existia na ficção.

Qual estrutura? Nenhuma. Qual *guideline*? Da cabeça.

– Gente, como é que faz login?!

Deu certo, conseguiram chegar nas crianças da comunidade.

Em dezembro, o governo mandou Juliana para outra região. O áudio da Dona Rosa, portanto, é ao mesmo tempo um agradecimento e uma despedida.

[QR Code]

Áudio do WhatsApp.

Espero que tenha ficado claro o que foi que eu quis dizer com: *agradecer* com o coração.

~

Honestamente?

Se você quiser, pode parar de ler. Sério mesmo. Acabou.

Com as seis práticas *Giftworks* que vimos até aqui, você já tem conteúdo técnico suficiente para ter um monte de pessoas focadas, preparadas e oferecendo seu melhor. Muito bom!

Só tem um problema.

Até agora você só tem "um monte de pessoas".

O rendimento da sua área, obviamente, só vai ter crescimento exponencial quando esse "monte de pessoas"… se tornar um *time*.

O próximo e último bloco explica como fazer isso.

Leadership M A P

Agora você está no
PARTNERSHIP
PARCERIA

contratar

celebrar

compartilhar

P

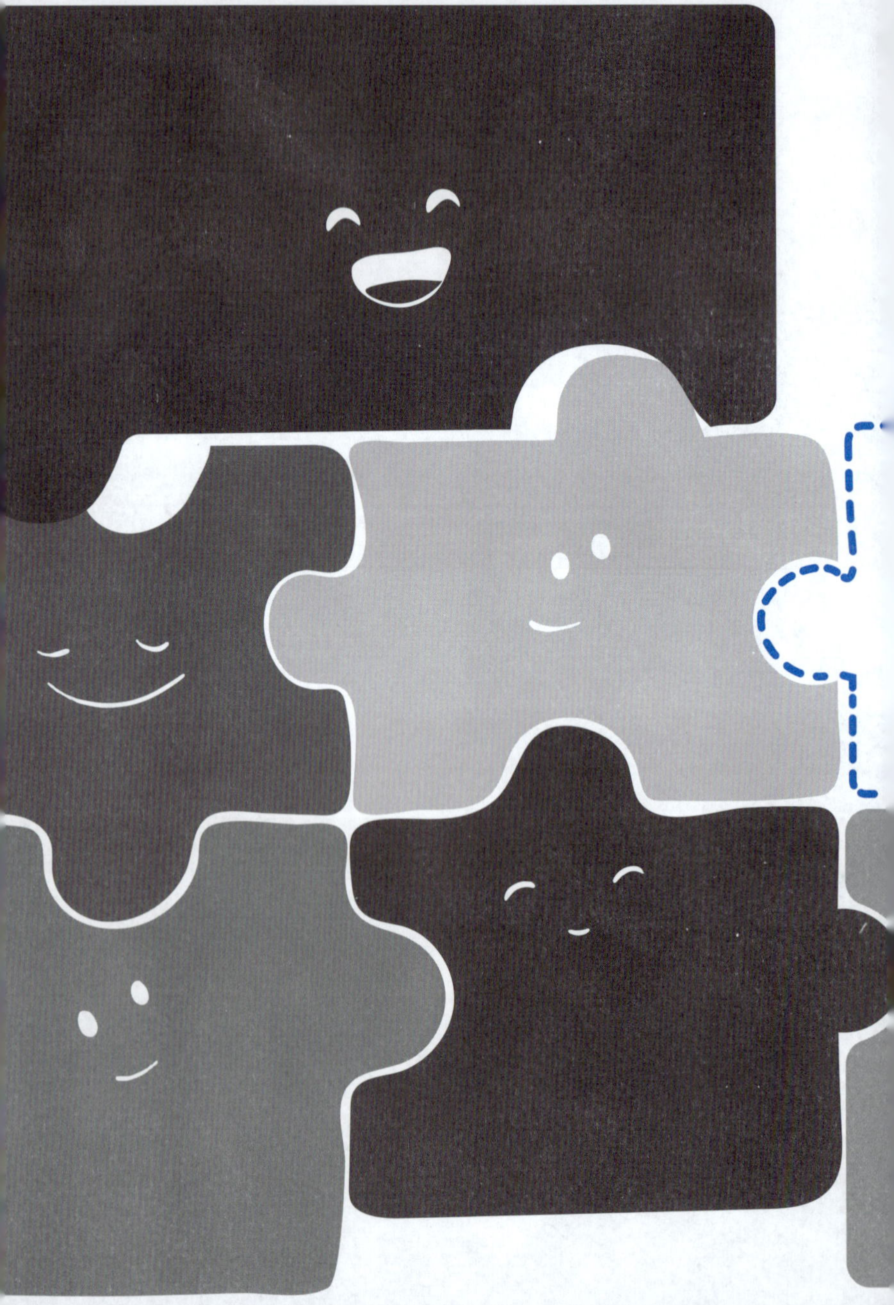

CONTRATAR

História real de uma entrevista.

Foi ótima!

A candidata criou o clima perfeito, contou boas histórias, mostrou competência.

– A gente manda a definição ainda essa semana.

– Muito obrigada!

Sozinha no elevador, quase caiu na tentação de dar pulinhos. Só não fez isso porque sempre tem algum segurança olhando pela câmera.

Dias depois, chegou a resposta: "Lamentamos informar...".

A história dessa candidata seria igual à de tantos outros milhares. A diferença é que, ao contrário da grande maioria, ela resolveu investigar.

– A senhora gostaria de um *feedback*?!

– Exatamente.

– Bom, está certo. Vou pedir ao entrevistador para preparar um detalhamento.

– Aguardo.

> Olá, Marcela,
> Ficamos muito felizes em atender seu pedido. Importante salientar que tanto seu currículo quanto seu *know-how* foram e são impecáveis para a vaga.
> Temos absoluta convicção de que você terá uma carreira brilhante neste mercado, dado seu nível de interesse e de desenvolvimento.
> A razão de optarmos por outro candidato não se deu por critérios técnicos. O que houve é que observamos que, além de não agradecer nosso recepcionista após o recebimento do crachá de visitantes, você também não cumpri-

mentou nenhum dos demais candidatos que estavam na sala de espera.

Essa postura não combina com o comportamento esperado de um colaborador da nossa companhia.

À disposição para quaisquer esclarecimentos.

É *impressionante* quanto a falta de sinergia resulta em improdutividade. E sabe onde é que os líderes mais erram nesse assunto?

Bem no começo.

O estudo *Hiring For Attitude* da Leadership IQ ganhou visibilidade justamente por mostrar isso. Foi publicado pela Fortune e pela Forbes! O resultado é que se não contratar alguém que tenha sinergia com o time… não vai rolar.

O número é simples, 46% das contratações falham depois de um ano e meio.

Pois é.

Por isso, este capítulo é sobre como contratar pessoas, não currículos.

E isso exige muita coragem e desapego! Para se ter uma ideia, o estudo *The Multi-Generational Job Search da Millennial Branding,* de 2014, mostra que 64% dos gestores já consideram candidatos sem faculdade!

Você teria essa coragem?

Vamos fazer um teste.

Considere a situação real que aconteceu há dez anos. Fui fazer minha entrevista de emprego no GPTW. Na época, ainda não tinha pós-graduação em Gestão de Pessoas, apenas meu feliz diploma em…

Adivinha?

Administração? Marketing? Comércio Exterior?

Não, Ho-te-la-ri-a!

Como você, se fosse o recrutador, olharia para isso?

A) Interessante. Alguém que buscou esse tipo de formação deve ser preocupado em fazer com que as pessoas se sintam bem recebidas! Perfeito para trabalhar na construção de excelentes locais de trabalho!

Ou…

B) Gente, o que é que isso tem a ver?! Próximo!

De fato, eu nem sou o caso mais curioso da casa.

Nada se compara com Lilian Bonfim, nossa diretora de Recursos Humanos.

Atenção! Ela é o *RH* da companhia que busca ser referência no assunto. Costumo chamá-la de RH dos RHs!

Obviamente, precisávamos de alguém com formação superespecífica, já que se trata de um cargo absolutamente estratégico…

Por isso, contratamos uma nutricionista.

**"Eu não quero as melhores pessoas,
eu quero o melhor das pessoas"**
Angélica Moretti, fundadora da VIH

Lição **Nº 1**

busque
similaridades.

Com receita anual de 15 bilhões de dólares, a Nordstrom é uma das mais antigas lojas de departamento dos Estados Unidos. Tem uma cultura muito forte, como é esperado de uma companhia de mais de um século.

Quando alguém é contratado, recebe o *Livro de Regras*.

Normal, não?

Com uma única diferença!

O livro tem uma regra só: "Use bom senso em todas as situações".

Claro.

O problema é que bom senso é algo pessoal. Cada indivíduo tem histórico, crenças e valores diferentes. Deixar na mão do bom senso, portanto, é uma gigantesca demonstração de confiança.

Não dá para fazer isso se não tiver certeza de que quem entra, de alguma forma, acredita nas mesmas coisas que todos os demais. É preciso garantir que exista o chamado "Fit Cultural"!

Só é possível fazer isso porque, durante a contratação, observam esse *fit*. A conexão entre "quem está vindo" e "quem já está lá".

De fato, o estudo da Leadership IQ (lembra? "Contratações falham em um ano e meio"?) mostra que é exatamente neste ponto em que os líderes erram.

11% das pessoas são demitidas por questões de habilidade técnica.

89% por motivos de atitude.

Modo de fazer

Em toda equipe tem um preferido.
Eu sei, ninguém fala sobre isso. O assunto é um tabu.
Até porque não fica bem dizer que há um favorito.
Mas tem!
Aquela pessoa que entrega tudo antes, com mais qualidade, sempre surpreendendo!
Quem é? Escolha.
Fique tranquilo, não vou contar para ninguém!
Até porque, o problema não é ter alguém que você admire mais. Isso é humano! O problema é usar isso de maneira irresponsável, fazendo promoções sem critérios e não dando chance de desenvolvimento para todos.
Já escolheu?
Legal! Agora pense... Não seria bom ter uma máquina de clones e fazer trinta pessoas tão ativas e tão competentes quanto aquela?!
Pronto. Agora você sabe *exatamente* que tipo de características atitudinais deve procurar durante a seleção.

~

Você se lembra da pesquisa da Millennial Branding? Aquela que revelou que a maior parte dos gestores começa a aceitar candidatos sem diploma universitários?
Bom, mas se não é o ícone de uma superuniversidade ali no canto do LinkedIn, então o que é que deve chamar nossa atenção?!

Em uma palavra?

Atitude.

As três principais características que os gestores da pesquisa selecionaram foram:

Atitude positiva - 84%
Boa comunicação - 83%
Trabalho em equipe - 74%

No fundo, são todas competências de sociabilização. Não é por coincidência que 43% dos gestores classificaram "adequação cultural" como a coisa mais importante no processo.

Contrate pessoas que se encaixem no seu time!

Que ampliem *sua* equipe!

Não que disputem com ela.

Técnica: **mão no fogo**

Para encontrar esses ampliadores perfeitos, uma excelente técnica é apostar nas indicações.

Sabe por quê?! Quando você indica alguém, está colocando um carimbo naquela pessoa dizendo: "Eu aprovo". Dali para a frente, indiretamente, o futuro do indicado estará atrelado ao seu. Se aquele profissional brilhar, você vai sorrir e dizer: "Rá! Eu avisei!". Se der ruim, você evitará comentar o assunto.

Por isso, indicações são uma boa. Normalmente são feitas com responsabilidade e você tem pistas do que esperar, de acordo com quem está indicando.

Pensando nisso, talvez, nem vá te surpreender tanto saber que, segundo análise da Right Management, 70% das contratações são feitas assim.

No próprio GPTW, por exemplo, temos a incrível Viviani Fernandes, nossa maravilhosa consultora técnica de projetos. Está conosco há nove anos!

É minha prima.

Rá! Eu avisei!

Construção da Arena Corinthians, **processo de seleção**

– Tem experiência?

– Quatorze anos. Obra pesada.

– Especialista?

– Em argamassa e concreto usinado.

– Recomendação?

– Carta do ex-patrão com telefone, se quiser ligar. Engenheiro famoso.

O recrutador fez os *checks* e partiu para a pergunta final.

– Tá. Bom… *É corintiano?!*

– Opa! Mas é claro!

– Contratado!

Lição **Nº 2**

busque
diferenças.

Contrate alguém melhor do que você.

Empresas nas quais o medo é maior que a confiança têm o mau costume de fazer justamente o contrário. Com medo de ficar ultrapassado, o diretor contrata um gerente meia-boca. O gerente contrata um coordenador meia-boca. O coordenador contrata um analista meia-boca. O analista contrata um estagiário meia-boca... a empresa vira uma empresa meia-boca.

O problema é que a qualidade de um líder, no final das contas, é medida pelo trabalho que sua equipe faz. Portanto, busque pessoas com grande potencial.

Certo. Bom começo.

Agora, vamos para a próxima etapa da busca pelas diferenças...

~

Em um trabalho de consultoria levamos alguns clientes para conhecer a Natura. Afinal, ter a chance de conhecer como funciona essa veterana no ranking de Melhores Empresas para Trabalhar do Brasil é uma aula.

Lá, aprendemos sobre um tal de Add Cultural. Sabe o que é?

Significa trazer, para o time, pessoas que tenham sinergia com a equipe. Mas que *também* tragam algum elemento novo! Uma nova visão! Uma provocação! Ou, em resumo, uma mudança.

A McKinsey, no relatório *Delivering Through Diversity*, mostrou que companhias que possuem times e liderança mais diversos em gênero estão mais propensos a experimentar lucratividade 21% acima da média. Para a diversidade étnica a probabilidade é de 33% de desempenho superior na margem de lucro.

Viu? É fato.

Quanto mais pontos de vista, mais possibilidades. Se você só tem clones, está perdendo um monte de outras visões que poderiam melhorar o trabalho.

Na hora da contratação, busque a sincronia entre os dois elementos!

Gente com o mesmo jeitão, para não diminuir a integração da equipe.

Mas com algo novo, para não perder a oportunidade de evoluir.

Fadas **não existem**

Em 2017, o perfil Quebrando o Tabu no Facebook postou um enigma.

Em questão de horas, o mistério havia tomado a internet. Você consegue resolver?

> Pai e filho sofrem um acidente terrível de carro. Alguém chama a ambulância, mas o pai não resiste e morre no local. O filho é socorrido e levado ao hospital às pressas. Ao chegar no hospital, a pessoa mais competente do centro cirúrgico vê o menino e diz: "Não posso operar esse menino! Ele é meu filho!".

Ué?
Mas o pai não tinha morrido?
Acredite, teve resposta de tudo quanto é tipo!
"Ah, é o padrasto!"
"Ah, é o marido do pai!"
"Ah, é o FANTASMA do pai!"

Para muitas pessoas era tão, mas *tão* difícil imaginar que "a pessoa mais competente do centro cirúrgico" pudesse ser uma *mulher* que, simplesmente, não conseguiam pensar que fosse a mãe do menino.

Considerando isso, achei fundamental dar um aviso importante.

Se você, líder, lê sobre diversidade, estuda o tema e acompanha constantemente este debate, sabe o que isso vai mudar?!

Nada.

Porque só existe mudança quando existe ação. Diversidade precisa ser exercitada.

Quem dá uma pista sobre isso é o Ph.D. Madan Pillutla, professor de comportamento organizacional da London Business School. Ele definiu os maiores preconceitos inconscientes na hora de admitir alguém. E logo o primeiro item é: temos a mania de contratar gente igual a nós mesmos!

O viés inconsciente acontece por diversos fatores. Vai do estilo ("Ah, ele também usa barba. Deixa a pessoa bem séria!") até os gostos ("Ah, ele também torce para Sport Club do Recife. Sabe o que é ter resiliência!"). Por isso, devemos tomar cuidado para não encher a área de "euzinhos".

(Desculpem a brincadeira, pessoal do Sport Club do Recife!)

Entenda, não é maldade, é humanidade. Simplesmente somos assim.

Não foi por maldade que a rede Magazine Luiza, uma das maiores gigantes do varejo nacional, chegou à situação de ter apenas 14% da liderança composta por pessoas negras. Eles poderiam ter agido como alguns bancos brasileiros, que vieram à mídia dizer que é difícil contratar pessoas negras porque "não dá para nivelarmos por baixo", ou… se mover.

E eles se moveram.

Criaram um inusitado programa de contratação de trainees, exclusivo para negros.

"Até hoje falam: 'A Luiza é voltada para um propósito'. Como se eu fosse uma ONG e não tivesse lucro. Se eu fosse só voltada para propósitos, a empresa não estava valendo R$ 40 bilhões."
Luiza Trajano

Não adianta, não existe a Fada da Diversidade!

Se não ficar com um alerta acionado e agir, não vai acontecer.

E, consequentemente, você será líder de um time bem menos completo.

Para dar uma noção de quanto é difícil vencer esses vieses, saiba que muitas empresas estão usando o modelo de contratação às cegas.

O currículo é enviado...

1) Sem nome
Por que teria? Prefere homem? Ou mulher?

2) Sem idade
Se eu tiver competência, mas for velho, não posso entrar?

3) Sem endereço
Qual o problema de morar em um bairro pobre?

4) Sem estado civil, nem número de filhos
Essa não preciso nem comentar.

Parece exagerado?
Parece exagerado que, na França, exista até lei que obrigue empresas com mais de cinquenta pessoas a utilizarem esse regime de contratação?

Mas talvez não seja loucura, considerando a pesquisa da Oxfam Brasil/Datafolha, que diz que 72% dos brasileiros acreditam que a cor da pele faz diferença para as empresas ao contratarem.

Imagine sentir que você perdeu a vaga da sua vida porque não tinha a "cor certa".

O que temos **em comum**

Não, não estou invalidando a primeira lição deste capítulo.

Continue procurando pessoas que tenham muito em comum com a equipe. Além de ser fundamental, não é impeditivo para trazer diversidade. Esse é o tal do Add Cultural de que os líderes da Natura falam.

Uma excelente ilustração disso, para mim, aconteceu no dia 20 de janeiro de 2021, durante a cerimônia de posse do presidente americano Joe Biden e da vice-presidente Kamala Harris.

Essa solenidade americana celebra a transferência pacífica de poder político. Mas, pela primeira vez em mais de 150 anos, o presidente anterior decidiu não ir à festa.

Preocupados em demonstrar a solidez do processo político, tradição de dois séculos, três ex-presidentes resolveram fazer alguma coisa.

Bill Clinton, Barack Obama e George Bush se reuniram no Memorial Amphitheater, em Virginia, e, juntos, gravaram uma mensagem para a nação.

Mesmo sendo de partidos políticos diferentes.

Como o próprio Obama diz, durante a gravação: "Entre as minhas lembranças mais queridas da minha posse [como presidente] estão a graciosidade e a generosidade com as quais o presidente Bush me tratou, e com as quais a Laura Bush tratou a Michelle. Foi um lembrete de que podemos ter desentendimentos ferozes e, ainda assim, reconhecer nossa humanidade um no outro. Que, como americanos, temos mais em comum do que coisas que nos separam".

Lição Nº 3

tenha uma entrevista **de ouro.**

A grande verdade é que você não vai conseguir, facilmente, as respostas que realmente quer. A entrevista, em linhas gerais, funciona como um primeiro encontro. Imagina a situação?

– Entããão, querida… Você ronca na cama?
– E você, abaixa a tampa do vaso?
– Sua mãe é do tipo intrometida?
– Já cometeu violência doméstica?

A situação mais parecida com isso que eu já vivi foi tratando da papelada para obtenção do visto americano. Lá, eles literalmente me perguntaram: "Você tem a intenção de levar uma bomba ou explosivo?".

Se você for do consulado, já deixo claro: não.

Maaas fico imaginando se a pessoa que realmente pensa em fazer um negócio desses iria ser honesta na hora de preencher o formulário.

Portanto, na sequência, quero dar as três dicas fundamentais para conseguir ter uma entrevista de ouro. Vou chamá-las de a Primeira, a Segunda e a Terceira. Bons nomes, não?

A **primeira**

Pergunta hipotética? Resposta hipotética.

Identificar Fit Cultural é descobrir se a área e o candidato têm o mesmo "jeitão". Gente desorganizada não aguenta trabalhar em empresa organizada. Gente organizada não aguenta empresa que não tem processo.

Não dá para avaliar isso com hipóteses. É preciso buscar exemplos práticos! Veja só, vamos dizer que sua equipe seja focada em inovação...

Substitua: "O que você **faria** caso o departamento precisasse de inovação?".

Por: "O que você **fez** quando um departamento **no qual trabalhava precisou** de inovação?".

Já vai ser muito melhor! Agora, vamos deixar melhor ainda...

Adicione: "Como você se **sentiu**?!".

A sacada de perguntar o sentimento da pessoa é porque, mesmo que ela tenha realizado algo, não significa que ela faça aquilo naturalmente, com prazer. Que seja o "jeitão" dela...
Senão, toda contratação será baseada em como aquela pessoa *se vê*, e não em quem aquela pessoa *realmente é*.
Nas entrevistas, histórias reais são mais importantes do que intenções.

A **segunda**

Faça, sempre, as mesmas perguntas para os diferentes candidatos.

Senão, não tem como criar uma base comparativa! Aí, fica na base do achismo. Dos mesmos criadores de "minha mãe mandou".

Mantendo as questões-chave e seguindo a primeira regra, você terá uma tabela clara para contrapor aqueles que têm as iniciativas de que o cargo precisa.

A **terceira**

Chame alguém da equipe para participar. Os benefícios são inúmeros!

Vai diminuir a chance do seu próprio viés inconsciente limitar a seleção.

Vai dar mais chances de que o contratado crie conexões com o time.

Vai criar um *sponsor* interno do novo contratado. Afinal, quem ajudou na seleção vai querer que o novo membro brilhe!

Já contei a história da minha prima?

A **quarta** (peraí, tinha uma quarta?!)

Não é oficial.

Até porque pode requerer um investimento a mais.

Mas gostaria de deixar a sugestão de considerar alguma ferramenta de identificação de perfil comportamental. Querendo ou não, com currículos e mídias sociais, estamos arranhando só a ponta do iceberg. Seres humanos são profundos e complexos. Testes sérios podem nortear a melhor decisão.

Existem inúmeros, mas menciono o modelo DISC, criado pelo psicólogo americano William Marston, que separa as pessoas em quatro perfis de personalidade.
- Dominantes
- Influentes
- Estáveis
- Conformados

Ou, claro, o Myers–Briggs Type Indicator, que já citei anteriormente neste livro. O primeiro instrumento desse tipo com base Junguiana.
- Extroversão *x* Introversão
- Sensação *x* Intuição
- Pensamento *x* Sentimento
- Julgamento *x* Percepção

Lição **Nº 4**

não é só contratar, mas também **receber.**

Estava em uma grande empresa de logística, com sede em Barueri, bem próximo de São Paulo.

A diretora de RH, toda orgulhosa, me falava sobre como o departamento se preparava para receber novos membros da companhia.

– Ah, no primeiro dia, após um delicioso café da manhã, eles vão para o auditório oficial! Nós temos um vídeo lindo, cuja produção nós fizemos, contando a história da empresa! Depois eles participam de um jogo que criamos especialmente para mostrar os nossos valores! No final, eu adoro o final, os diretores aparecem "de surpresa"! Eles vêm receber todo mundo em um momento superinformal!

Adorei.

Mas não resisti e fiz a seguinte pergunta:

– E no segundo dia?

Ela pensou um pouquinho, apertou a boca e respondeu:

– Bom, no segundo dia... Aí é Deus que acompanhe, né?

~

Muitos líderes têm mania de falar frases do tipo: "Ah, o RH não montou nada!"; "Ah, o TI não preparou o computador!"; "Ah, a comunicação não aprontou nem um pptzinho!".

Então, vou ser direto para endereçar essa questão:

Filho, o churrasco é seu. Se não tiver carne, não ponha a culpa no açougueiro!

Você não é só o líder, também é – ou deveria ser – o anfitrião! Cabe a você receber bem a pessoa que estiver chegando. Se não fizer isso, as chances dela se sentir bem diminuem; logo, a qualidade da integração com os outros vai para o buraco.

Parabéns, você acabou de diminuir a possibilidade de conseguir resultados exponenciais.

Às vezes são pequenas atitudes, como faz a liderança do Google ao dar uma quantia para o novo integrante decorar a própria mesa. Isso já muda tudo. Mas, se quiser, dá para ir bem mais longe!

Certa vez conheci um líder que entrevistou um rapaz desempregado, que dava um jeito de sobreviver vendendo X-saladas. Para anunciar que a vaga era dele, ao invés de mandar um e-mail, foi até a rua onde ele fazia os lanchinhos.

Pediu seu lanche e, na hora de pagar, entregou uma carta de admissão, dando boas-vindas ao novo membro da companhia.

Me emociona até hoje.

No próprio GPTW, há muitos anos, temos um ritual para receber as pessoas. Eu mesmo fui recebido com ele! Trata-se de uma maravilhosa cesta de café da manhã.

Para nós, é um símbolo importante. Porque, na verdade, ela não é enviada para o contratado, e sim para a *família* dele! Agradecendo por "disponibilizar" aquela pessoa para a empresa.

"Ai, mas eu não tenho *budget* pra isso!"

Então liga. Quanto você gastaria fazendo uma chamada? Qual seria o impacto do futuro gestor pedindo para chamar os familiares ao redor do telefone para dizer, em nome de toda a equipe, que está muito feliz, pois aquela pessoa está entrando para o time?

Vídeos do pessoal recepcionando o recém-chegado, escolher alguém para levá-lo para almoçar nos primeiros dias, orientar a pessoa sobre coisas básicas da empresa (mas que ninguém é obrigado a adivinhar).

Liderança é a arte da delicadeza.

Lembre-se, contratar e receber é a primeira prática *Giftwork* para gerar times que produzem de maneira in-te-gra-da.

Coloque energia nisso!

Afinal, se simplesmente botar um monte de gente no mesmo espaço físico por um largo período de tempo fosse suficiente para gerar sinergia, não haveria brigas na cadeia, não é mesmo?

Resumindo!

1º Procure pessoas com a **cara do seu time**

Escolha aquele integrante da equipe que você gostaria de poder colocar numa fotocopiadora atitudinal! Assim, você sabe o que deve procurar. Pessoas com valores em comum têm mais chance de criarem integração.

E integração, como sabemos, vira produtividade.

2º Mas, calma, não vá dar **ctrl-c + ctrl-v**

Virou especialista em *Fit Cultural*? Bora para o próximo passo! *Add Cultural*. Pessoas que têm conexão com o time, mas que trazem elementos novos. Pare de procurar "mini-eus" e exerça a diversidade.

Diversidade, como sabemos, vira resultado.

3º Pronto para uma **entrevista reveladora**

São apenas três técnicas. A primeira, a segunda, a terceira... e a quarta! Evite perguntas hipotéticas, tenha um rol de questões consistente e chame pessoas do time para entrevistar com você. E, se for possível, faça testes sérios de avaliação comportamental (não, BuzzFeed não vale).

4º Seja o **anfitrião**

Não existe mágica. Pare de jogar a pessoa lá no meio e torcer para que, por benevolência do destino, ela se integre bem. Você e seu time devem conversar, abertamente, sobre iniciativas para receber bem o recém-chegado.

greatleadertowork.com/contratar

Acessando este QR Code você poderá fazer
uma **autoavaliação** para saber,
afinal, se é um líder que sabe
contratar (e receber!) pessoas.

Guardei essa para o final...

– Por favor, fiquem à vontade.

Os recém-contratados da companhia se acumularam no pequeno auditório, prontos para ver o PowerPoint de boas-vindas.

– Pessoal, seguinte… não vai ter um PowerPoint de boas-vindas.

A garotada arregalou os olhos, surpresa.

– No lugar, nós preferimos chamar um especialista que cuidará da integração de vocês. É o Seu Maurício.

O velhinho entrou. Apoiado na bengala, dando meio passinho por vez, até chegar na cadeira que deixaram para ele, onde lentamente se encaixou.

– Oi, pessoal. Bom dia!

Seu Maurício foi técnico-químico da empresa por mais de quarenta anos! No processo de integração da 3M, eles convidam aposentados que tiveram sua carreira profissional dentro da companhia. Eles vêm voluntariamente para compartilhar suas histórias com aquela garotada que está só começando.

– Eu amava trabalhar aqui. Vocês têm uma vida linda pela frente!

~

Pessoas com algo em comum têm todo potencial para criar conexões. A conta é simples, sintonia vira rendimento. Mas, como disse, é um *potencial*.

Se ficar por isso mesmo, sem o trabalho do líder, esse potencial não vai dar em nada. O objetivo é transformar pessoas extraordinárias em um time extraordinário? Ótimo, você começou bem! Falta terminar!

O próximo capítulo é sobre transformar esse potencial em uma realidade.

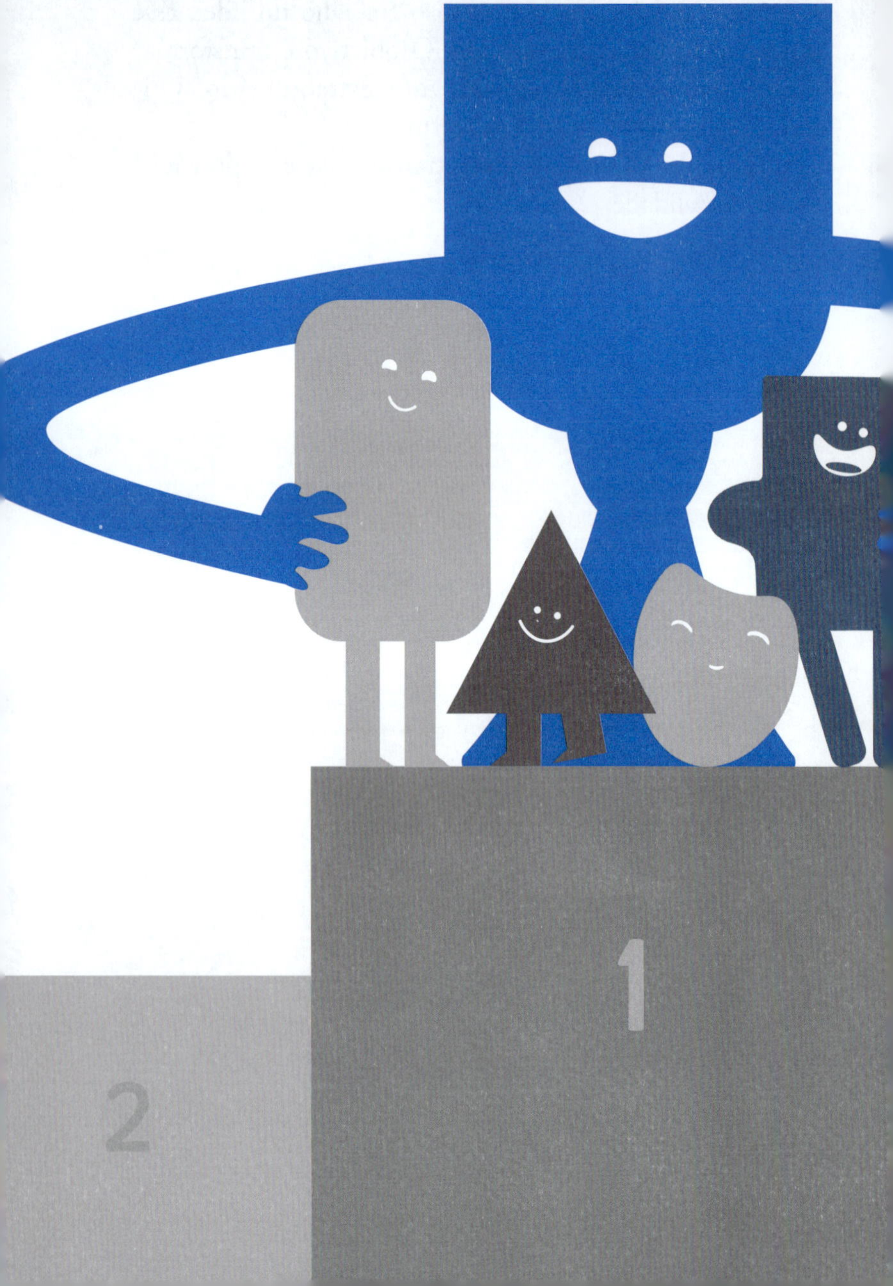
1
2

COMPARTILHAR

3

Sinto muito.

Não vai ter história para começar este capítulo.

Agora é só porrada.

Vamos começar com dados globais. Talvez interesse saber que, de acordo com relatório publicado pela Oxfam, as 26 pessoas mais ricas do planeta têm o mesmo dinheiro acumulado que os 3,8 bilhões mais pobres.

Mas calma!

Vai ficar pior.

Segundo publicação da *Forbes*, em 2021, mesmo durante a pandemia o mundo "ganhou" 660 bilionários. O grupo total, durante esse mesmo período, acumulou cinco trilhões de dólares. Ou, se preferir, pode chamar de quase dez vezes o Produto Interno Bruto (PIB) do Brasil.

Mas caaalma!

Vai ficar pior.

Se você vive no Brasil, está de parabéns. O relatório divulgado pelo Programa das Nações Unidas para o Desenvolvimento, da ONU, mostra que você sobrevive no 8º país mais desigual do mundo. Aliás, é a única nação até essa posição fora do continente africano.

De fato, aquele 1% mais rico concentra quase 30% de toda a renda produzida pelo país.

Pronto. Agora acabou.

Mentira… Vai ficar pior.

A Rede Brasileira de Pesquisa em Soberania e Segurança Alimentar (Penssan) diz que a segurança alimentar brasileira caiu de 77,1% em 2013 para apenas 44,8% em 2020. É mais gente na dúvida se vai ter o que dar para o filho comer no dia seguinte.

Este capítulo falará sobre a prática de compartilhar.

Lição **Nº 1**

salário importa.
e não precisava
um livro para
te dizer isso.

Imagine que você é o principal líder de uma das principais empresas britânicas do mundo.

É sábado, dia 6 de janeiro. O clima de ano novo no ar, você está terminando de brincar com seu filho, quando o alarme toca.

– *Oops, it is 5h30!*

Que maravilha. O pessoal do High Pay Centre, think tank independente de Londres, tem ótimas notícias!

Neste exato momento, você (e todos os outros líderes das principais empresas britânicas) acabou de alcançar, em ganhos, tudo que um profissional médio vai conseguir trabalhando durante o ano inteiro.

Como eu disse, é sábado, dia 6 de janeiro. Não deu nem tempo de completar a primeira semana do ano.

O especialista em governança corporativa, Renato Chaves, mostra que nas empresas brasileiras os números são bem parecidos. Em todas as 70 companhias analisadas é claro que há discrepâncias entre o ganho da liderança e a remuneração média. Mas, em algumas, a liderança chega a ganhar 600 vezes mais!

Não pretendemos, aqui, entrar no debate do que é justo ou injusto.

Esta é uma conversa longa que deixarei para os especialistas no tema falarem em seus próprios livros. Aqui, abordaremos apenas a questão dos impactos na relação entre líder e liderado.

Quer o resumo?

Sua equipe sabe quando ganha mal.

Por favor, analise a seguinte situação real.

Adolpho Machado trabalhou toda a vida no setor de transportes. Embora tenha passado muito tempo na mesma companhia, nunca soube qual o salário dos seus gestores, muito menos da sua concorrência. A razão de tanto mistério é fácil de explicar. Adolpho é meu avô, que foi um orgulhoso pintor de trens.

Entendia tudo de misturar tinta.

De tratar rachadura com massa.

De secagem, de textura, de verniz.

Mas o Google? Não, nunca viu.

Hoje, para desmascarar aquela planilha de pagamentos que as empresas passaram anos guardando a sete chaves, basta ter acesso à internet e cinco minutos sobrando.

Se a pessoa se sente enganada, a relação de confiança é quebrada na raiz. Ninguém quer fazer parte de um time em que todo mundo se dá bem, menos ele.

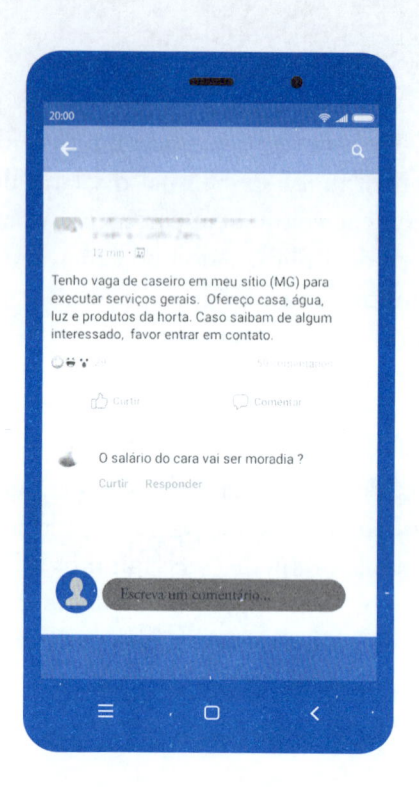

Dinheiro **importa?**
Dinheiro **importa.**

A pesquisa *The Expanded Class Divide in Happiness in the United States*, realizada por Twenge e Cooper e publicada pela revista científica Emotion, fala exatamente sobre isso.

Eles conversaram com – não estou brincando – 44.198 pessoas durante – não estou brincando de novo – mais de quarenta anos!

O resultado foi o mesmo a que a própria FGV chegou, em 2017, quando entrevistou 2.594 pessoas aqui no Brasil. Dentro de determinados limites, a conclusão geral é que, quanto maior o ganho financeiro, maior a satisfação com a vida.

Há até quem dê um valor específico!

Foram os pesquisadores Kahneman e Deaton, da Universidade de Princeton, que em 2010 concluíram que o valor ideal é de US$ 75.000 por ano. Acima disso, não adianta ganhar mais.

Como eu sei que você começou a fazer contas para se comparar, fica a dica: não se esqueça de considerar que o estudo foi pensado para indivíduos americanos no ano de 2010.

Então, já que dinheiro importa, vamos falar de…

Compartilhar os **lucros**

Como líderes, devemos nos preocupar em criar ambientes justos.

Não estou dizendo que dinheiro, por si só, resolve. Claro que não! Mas impacta. Pense na decoração de um banheiro. É claro que vamos querer um piso bonito e aquela bela banheira ornamentada. Mas experimente ter isso sem fazer o saneamento básico para ver o que acontece.

O pacote salarial é um fator higiênico. Não é exatamente o que engaja, mas a falta ou discrepância dele pode desengajar muito.

Um modelo que chamou muita atenção foram as *Google Stock Units* (GSUs), distribuídas para as equipes de acordo com os desempenhos individuais. É simples, quanto melhor a entrega da pessoa, mais "dona" da empresa ela é. Lançaram até um aplicativo para cada um acompanhar seus investimentos!

Este é um modelo prático que ilustra bem como trabalhar apenas por si é diferente de trabalhar pelo todo. O impacto psicológico de *Giftworks* como esse é notório.

Quer ver? Imagine uma comissária de voo. Como ela se comporta? Como ela trabalha?

Imaginou?

Agora veja se foi algo parecido com isso daqui:

greatleadertowork.com/comissaria/

Vídeo da comissária de bordo

Kevin Freiberg e Jackie Freiberg dizem, em seu livro *Nuts!: Southwest Airlines' Crazy Recipe for Business and Personal Success*, que "o verdadeiro segredo do sucesso da Southwest Airlines é ter uma das forças de trabalho mais motivadas e produtivas do mundo".

Talvez você ache curioso saber que a empresa é referência global de divisão de lucro com o time, quase chegando à cifra de US$ 6 bilhões de dólares compartilhados.

E aí? Alguém lá se sente "fora do time?"

Yemeksepeti

Nevzat Aydin fechou a porta devagar e se trancou na sala com Nedim Nahmias.

Aquela era uma reunião importante. Afinal, estavam na sala o fundador e o diretor de operações.

– Nós fizemos uma empresa muito bonita, Nahmias.

No lugar de "bonita", se ele quisesse, poderia ter usado lucrativa. A Yemeksepeti, serviço de entregas on-line, opera em 70 cidades da Turquia e do Chipre, servindo mais de 500.000 refeições. *Por dia!*

– Você começou como operador de *call center*. E olha onde está agora! Há quanto tempo na companhia, Nahmias?

– Mais de dez anos.

– Mais de dez anos...

Aydin respirou, antes de continuar.

– Eu tenho duas notícias importantes. A primeira é que fechei a venda da empresa para uma gigante alemã.

Nedim arregalou os olhos, surpreso.

– A segunda é que vou repartir cerca de US$ 30 milhões do pagamento com os que fizeram parte dessa história.

Nedim, que já não tinha mais para onde arregalar os olhos, deixou cair o queixo.

Ao todo, o montante foi dividido com 114 pessoas, a cifra equivaleu a cerca de 150 vezes o salário mensal de cada um.

Ninguém constrói nada sozinho.

Lição **Nº 2**

compartilhar significa fazer **escolhas.**

Mas quem **merece mais** e quem **merece menos?!**

Agora que já entendemos como compartilhar os ganhos do time é importante, você precisa saber que isso causará impacto na sua equipe.

Afinal, alguém vai ganhar mais, alguém vai ganhar menos. Alguém vai ter mais participação nos resultados, outros nem tanto. Finalmente, alguém receberá uma promoção, outros receberão um forte abraço.

É preciso ser cuidadoso para que a prática de compartilhar não gere problemas no time. Se fizer isso de maneira irresponsável, o que era para ser um *Giftwork* passará a ser uma confusão.

O melhor a fazer é anunciar para todos, muito antes, quais são os critérios da escolha. E, importantíssimo, que sejam *claros* e *mensuráveis*.

Por que ser claro importa?
"Pessoal, receberá a promoção quem merece mais!"

Como assim quem merece mais? Uma pessoa pode pensar que merece por tudo que já passou na vida. O outro pode achar que merece porque ele chega mais cedo de manhã. Um terceiro pode achar que merece porque tem duas faculdades.

Por que ser mensurável importa?
"Pessoal, receberá a promoção quem for mais positivo!"

Como assim mais positivo? Digo… como é que se mede positividade? Não existe régua para isso. A pessoa que dá mais risada? A que mais diz "sim"? A que mais dá abraços? A que distribui mais joia com o dedão?

Isso resolvido, vamos falar de outro critério importante. Hora daquela conversa séria sobre meritocracia.
Separei duas páginas para isso, escolha uma para ler.

Leia esta página se você
ama meritocracia!

Primeiro: já parou para considerar que é injusto exigir metas iguais de pessoas com aptidões diferentes?

É muito comum ver empresas escolherem quem vendeu mais para ocupar o cargo da gerência. Mas e se aquele segundo lugar tivesse menos vocação para venda e mais para liderança? Clássico tiro no pé.

Segundo: já parou para considerar que não faz sentido achar que pessoas com oportunidades diferentes possam ser julgadas da mesma maneira?

Nisso, perdem-se *tantos* bons candidatos. Já estou até cansado de ver gente pedindo inglês fluente para vagas nas quais a pessoa nem precisa saber pedir um *hot dog*. Não esqueça: seleção sem critério não é seleção, é chute.

Terceiro: já parou para considerar que se meritocracia realmente fizesse sentido, as regras não seriam construídas justamente por aqueles que são beneficiados por elas?

Qual a chance de uma diretoria criar uma regra que apoie diversidade se isso significa que metade deles vai perder o emprego dentro de dois anos? Pois é.

Leia esta página se você
odeia meritocracia!

Primeiro: já parou para considerar que as pessoas podem desenvolver aptidões de acordo com o contexto?

O volume relativo de especialistas em *sushi*, no Japão, é muito maior que em todos os países da América Latina! Vocação biológica?! Não. Só tem mais demanda de *sushi* por lá. Cuidado para não usar o discurso do talento natural para limitar a capacidade das pessoas de aprender algo.

Segundo: já parou para considerar que meritocracia não significa excluir o contexto?

Se um líder equilibra as diferenças entre pessoas da equipe (pagando treinamentos específicos… dando benefícios exclusivos a quem precisa…), a seleção meritocrática passa a ser mais justa.

Terceiro: já parou para considerar que, no final, alguma seleção vai ter que existir?

No fim, alguém terá que ser o novo gerente. A seleção meritocrática não seria a melhor alternativa possível do que "quem puxar mais o saco do chefe"?

Percebeu como o debate é profundo?

Eu nem vou ficar bravo de você ter quebrado a regra e ter lido as duas páginas anteriores, mesmo quando eu pedi que escolhesse uma!

Mas, resolvendo o caso, a dica para quando precisar escolher alguém em detrimento de outro é relativamente simples.

Tenha critérios claros.
Tenha critérios mensuráveis.

Lição Nº 3

tem algo **mais importante** do que compartilhar dinheiro.

Neste livro já falamos muito sobre as razões pelas quais as pessoas avaliam bem as empresas em que elas ficam.

Está na hora de virarmos o disco.

Vamos isolar, agora, o grupo de quem avalia *mal* as próprias empresas. Qual pergunta que dá vontade de fazer? "Tá, mas você ainda trabalha aí por quê?!".

Pois nós não passamos vontade. Fomos lá e fizemos!

Os dois principais motivos são *estabilidade* e *dinheiro*.

Ou seja, não remunere bem sua equipe e você criará um círculo de desconfiança. Maaas... *apenas* remunere bem sua equipe e ainda assim você não criará em um vínculo de confiança.

Eu sei que não é fácil.

Ser líder não é fácil.

Uma estruturada baseada unicamente em trocas monetárias tem sérios problemas de sustentabilidade, porque acaba saindo muito caro para conseguir só o mínimo de cada um. Normalmente companhias assim só funcionam bem nos raros setores com altíssimas margens de lucro, em que sobra tanto dinheiro que tudo bem a liderança ser mediana. Mas basta um sopro para cair o castelo de cartas.

Toda alegria e o *frisson* do aumento salarial duram um total de três meses. Depois disso, todo mundo se acostuma e toca o barco, plenamente adaptado ao novo padrão de vida. Nem preciso dizer como é inviável imaginar uma empresa que dê aumento quatro vezes por ano, não é mesmo?

Na Apple, talvez te surpreenda, os vendedores sequer têm metas individuais de vendas! A medida da satisfação com a marca é mais importante do que o resultado individual. Eu mesmo já fui convencido por um deles a comprar um celular mais barato do que pretendia quando cheguei na loja.

Certo, mas se compartilhar dinheiro não é o suficiente…

Salário **emocional**

Entre as equipes das Melhores Empresas para Trabalhar do Brasil, 89% das pessoas dizem que "existe um sentimento de família". Mas como fazer para criar esse sentimento? Bom, primeiro vou te contar como não criar esse sentimento.

Impondo.

Como qualquer sentimento, ele precisa ser provocado, não requerido. Você não chega para alguém que está tentando conquistar e diz: "Me ame!". Nada disso! Você age de maneira atenciosa, é gentil e companheiro, torcendo para que, com o tempo, isso tenha algum efeito.

A dica, portanto, é… pague o *Salário Emocional*.

> "Se você não está na arena levando uma surra ocasionalmente, não estou interessado ou aberto a seus comentários. Se você está criticando de um lugar onde também não está se colocando na linha de frente, eu não estou interessado no que você tem a dizer."
> *Brené Brown, The Call to Courage*

A melhor coisa que um líder pode compartilhar com a equipe é o seu tempo. As pessoas sentem que fazem parte de um *verdadeiro* time quando seu gestor dedica tempo para ouvir.

Tempo para pensar junto em possíveis soluções.

Tempo para estar lá! Quando as coisas dão certo! Mas principalmente quando estão dando errado.

Um líder que não apenas cobra, mas que constrói em parceria.

Se você não percebeu ainda, não se preocupe, cedo ou tarde vai notar: tempo é a moeda mais preciosa do mundo. Sua escassez faz com que valha mais do que o dólar, euro ou ouro.

Nada paga mais do que a presença.

> **"Relacionamentos não começam a realmente se formar até que um problema seja encontrado e resolvido em equipe."**
>
> *Glenn Llopis, em matéria para Forbes*

Como não se colocar **nos sapatos dos outros**

Essa história aconteceu com uma colega minha e do Gustavo, que escreveu este livro comigo. Foi bem no comecinho da sua carreira, estava supercontente porque, até que enfim, conseguiu o emprego em uma agência de publicidade!

Um dia, logo na primeira semana, a chefona mostrou para todos o sapato novo que comprou na volta do almoço.

– Que lindo!

– Amei!

– Uau!

– Maravilhoso!

Nisso, aquela senhora focou justamente na novata e emendou:

– Só que eles ainda estão meio duros. Hum… Qual número você calça?

– Eu?! 36.

– Ai, que ótimo. Eu também! Você vai almoçar com as meninas, não vai?

– Eu?! Eu vou…

– Maravilhoso! Então você não poderia ir com eles?! Assim vai laceando os meus sapatos. Você não me negaria esse favorzinho, negaria?

A menina, com medo de perder a vaga, saiu mancando para ir comer.

Resumindo!

1º Compartilhe os **ganhos**

Não custa lembrar que os *Giftworks* não criam confiança, eles *potencializam* a confiança. Ou seja, é preciso que exista alguma confiança lá, para ser fortificada. E, claro, não existe a mínima chance de isso acontecer se a equipe, por qualquer motivo, se sente enganada.

As pessoas estão acostumadas à ideia de diferenças salariais. Mas de abusos salariais, não!

2º Compartilhe com **critérios**

Se você não for adotar critérios claros e mensuráveis para compartilhar, o efeito pode ser negativo, e não positivo.

A equipe precisa entender por que alguns foram escolhidos para a promoção e outros não. As pessoas precisam ter nitidez de quais foram as razões pelas quais alguns receberam aumento, outros não.

As pessoas podem até não concordar com as regras, mas se entenderam quais são… existirá a sensação de justiça.

3º Compartilhe a **estrada**

Compartilhar os ganhos é o mínimo. Mais do que isso, queremos líderes que não apareçam apenas no final, para perguntar como foi a batalha.

O verdadeiro líder é aquele que compra a briga junto com a gente, vivendo os sufocos em *real time*. Se eu vejo o presidente da minha empresa dando duro, trabalhando, isso me mostra que não estou sozinho.

greatleadertowork.com/compartilhar

Acessando este QR Code você poderá fazer
uma **autoavaliação** para saber,
afinal, se é um líder
pronto para compartilhar.

Guardei essa para o final...

Aconteceu comigo.

Nos meus dez anos de GPTW, nenhum convite para trabalhar em outra companhia realmente chamou minha atenção. Exceto um.

Oportunidade de ouro, liderar a criação de um gigantesco projeto educacional no país com um salário muito maior do que eu tinha.

Fiquei mexido. Peguei a opinião de todo mundo em que eu confiava! Parceiro, amigos, família, psicanalista, até com o Chokitto eu conversei.

Faltava só uma pessoa da lista.

O próprio Ruy, nosso CEO.

Tivemos uma reunião-almoço, queria conversar com ele muito menos como chefe e muito mais como mentor. Foi um papo brutalmente honesto sobre tudo que vivemos juntos e sobre a ideia de eu partir

No fim, ele disse:

– Cauê, no fim das contas, eu só quero que você seja feliz. Porque é o que você merece.

Foi isso.

Neguei a proposta de ir embora.

~

Um time que atua em sintonia, sinergia e sincronia.

Era a última coisa que faltava! Agora, finalmente, tem tudo que de precisa.

Se quer saber a verdade, a última prática só vai ser útil se você tiver a intenção de esse time fortificado ser algo perene, durável, firme! Ou seja, não ser apenas "um bom momento" que passou depois de três meses.

Se é o que você quer, aí vale a pena ler sim.

CELEBRAR

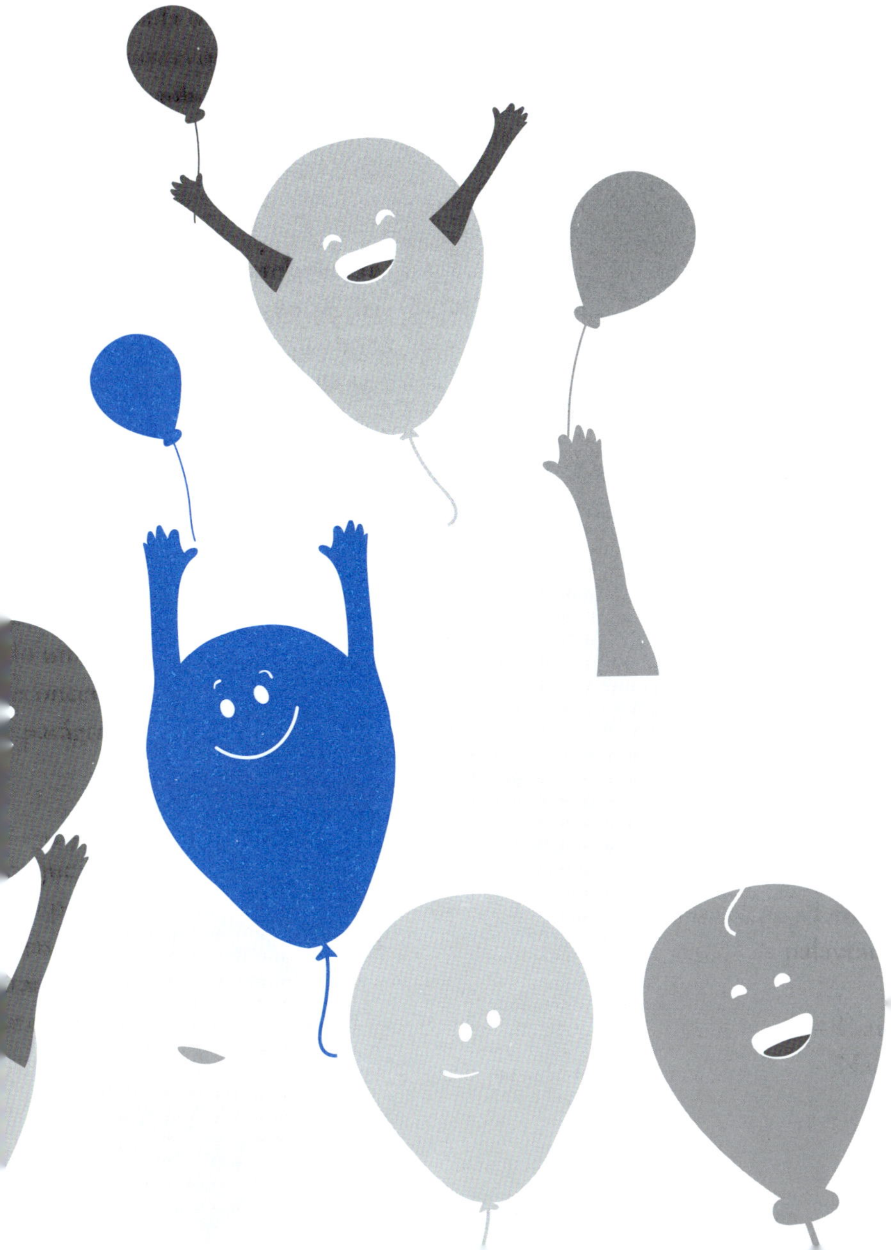

Ela estava na mesa quando o ramal tocou.

– Andrea, pode vir na minha sala, por favor?

Existem vários jeitos diferentes de ler a frase acima. Então, vou dar uma pista! Ele estava sério.

Ela arrumou o vestido com alguns tapões e foi! Seja o que Deus quiser!

Quando entrou na sala, encontrou seu chefe. Mas, além dele, havia uma outra pessoa. Uma senhora idosa, sentada numa das cadeiras.

O que essa senhora idosa está fazendo aqui?!, pensou.

Reparou melhor. Percebeu que *conhecia* aquela senhora idosa! *O que a MINHA MÃE está fazendo aqui?!*

As primeiras coisas que passaram pela sua cabeça foram possíveis desgraças. Afinal, por qual outro motivo um familiar estaria no escritório?!

Mas a velhinha, sabe-se Deus por qual razão, estava sorrindo.

– Andrea, pode se sentar com a gente por um minuto?

– Claro. Oi, mãe.

– Oi, filha!

Ela se acomodou na cadeira, o chefe continuou:

– Andrea, há alguns anos, quando te promovi a gerente da área, você me disse uma coisa que eu nunca esqueci. Você falou: "Pena que minha mãe não está aqui, para ver isso acontecendo!". Aquelas suas palavras ficaram na minha cabeça.

O coração dela começou a acelerar.

– Por isso, Andrea, fiz muita questão de chamar sua mãe aqui. Queria que ela estivesse com a gente, hoje. Queria que ela estivesse presente e visse este exato momento! O momento em que você está recebendo a promoção para ser diretora da nossa companhia.

A importância da **conexão emocional**

Nunca esqueço o dia em que fui comprar meu último colchão.
— Cauê, colchão é que nem sapato. Você tem que calçar, pra saber se gosta? Pois é! Aqui, tem que ficar deitando, para provar!
O vendedor me levou pela loja.
— Este aqui! Tenta este aqui.
Sinceramente? Não vou dizer que era ruim. Mas não era bom.
— É o nosso mais baratinho! Vamos experimentar o médio?
Fui.
Bem melhor!
— Gostou?
— Gostei.
— Quer conhecer o modelo mais avançado?
— Algo me diz que esse modelo mais avançado vai avançar mais profundamente no meu bolso.
Mesmo assim, deitei.
Lembro de relaxar tanto, mas tanto, que pensei algum palavrão.
...
— E aí, vai levar?
— Não sei, é bem mais caro.

– De fato. Mas pensa bem. Não esquece de considerar que você vai passar um terço da sua vida deitado nele.

Desde esse dia, penso que existem três coisas na vida que se devem escolher *muito bem*. A companhia, o trabalho e o colchão. Você passa um terço do tempo com cada um deles.

~

A Lifeboat, em 2013, fez um estudo sobre as relações interpessoais no ambiente profissional. A publicação se chama *State of Friendship Report*. Lá, eles mostram que 36% das pessoas conheceram pelo menos um de seus melhores amigos no trabalho!

Meio óbvio dizer isso, mas… quanto maior o tempo de vida, maior o número de gente que coleciona "amigos do trampo". Para quem está entre os 35 e 49 anos, é de 42%. Para quem tem entre 50 e 70, a chance é de 50%.

Apesar disso, eu sei, existe um enorme nariz torcido em relação à amizade dentro do universo do trabalho.

Caso você tenha esse preconceito, não se preocupe!

Vamos tratá-lo em nove parágrafos!

~

Era uma vez dois rapazes que gostavam de pintar. Se conheceram no estúdio de um professor e, como eram mais pobres que os outros colegas, acabaram se aproximando. Um estimulou o outro durante toda a carreira.

Estou falando de Renoir e Claude Monet.

Era uma vez dois homens com casas de férias bem pertinho uma da outra, na Flórida. Adoravam trocar ideias sobre projetos. Se ajudaram durante a vida inteira.

Estou falando de Thomas Edison e Henry Ford.

Era uma vez dois professores de Oxford que, no começo, se detestavam! Acabaram indo para a igreja juntos e, no fim, um deles pressionou o outro para que terminasse de escrever seu livro.

Estou falando de C.S. Lewis e J.R.R. Tolkien.

Era uma vez os dois companheiros de escola, Paul e William, que fundaram uma empresa chamada Microsoft.

Era uma vez os dois companheiros de universidade, Sergey e Larry, que fundaram uma empresa chamada Google.

Era uma vez dois moleques da vizinhança com o mesmo nome! Steve e Steve! E você já sabe o que Jobs e Wozniak fizeram.

Viu?!

Curado.

Aproveito para fazer uma homenagem (ou seria um *Giftwork*?) para meu amigo Gustavo Penna, que escreveu comigo este livro. Infelizmente não ficamos milionários. Mas nossa amizade com certeza tornou o processo muito mais feliz e valioso!

Impactos da amizade,
um panorama

Que amizade faz tudo ficar melhor, novidade nenhuma. A análise *The Effect Of Work Relationships On Organizational Culture And Commitment*, de 2014, descobriu que

71% das pessoas com amigos no trabalho amam trabalhar para suas empresas. Já entre aquelas que não têm nenhum laço do tipo, o número despenca para 24%.

Mas a grande pergunta é… Isso impacta o trabalho em si?

Primeiro...
aumenta a permanência da equipe!

sem amigos no trabalho

42% disseram que deixariam a empresa.

com amigos no trabalho

21% disseram que deixariam a empresa.

Fonte: Globoforce, 2014.

Segundo...
aumenta a qualidade do trabalho!

Pessoas com amigos no trabalho têm **35%** **mais chance** de se comprometer com a **qualidade.**

Fonte: The Collective Advantage, Gallup.

Se a amizade é estratégica, quais as **chaves para se criar isso?**

O estudo *We All Need Friends at Work*, da pesquisadora Christine M. Riordan, é bem curioso.

Foi feito com foco em soldados!

Descobriram que a confiança no campo de batalha nasce – entre outras razões – do *compartilhamento de bons e maus momentos*.

A ironia da coisa é que os maus momentos virão sem que você tenha que se esforçar muito para isso. Não se preocupe! A vida, como sempre, vai trazer problemas (se quiser ser corporativo, pode chamar de *desafios*).

Como falamos no capítulo anterior, portanto, cabe ao líder estar lá! Ou seja, ser parceiro, somar no time, para enfrentar tudo isso.

Maaas sobre os momentos bons... Aí, tem uma pegadinha.

Eles não têm força sozinhos.

Precisam ser criados e, principalmente, *valorizados*!

Não estou dizendo aqui, claro, que coisas boas nunca caem do céu. Estou apenas afirmando que, se a gente não parar para lhes dar o devido valor, elas permanecem invisíveis.

Já deve ter acontecido algo parecido contigo, não? Viajando para algum lugar lindo! E, de repente, encontra um grupo de turistas que estão brigando, ou dormindo, ou grudados no celular.

Não adianta a beleza da vida se você não parar para olhar.

É impressionante como, tantas vezes, fazemos a mesma coisa dentro do ambiente de trabalho. Metas sendo batidas, pessoas aprendendo coisas novas, projetos sendo criados...

E tudo que o chefe diz é: "Até amanhã".

"Celebre o que você quer ver acontecer mais vezes."
Tom Peters

Lição **Nº 1**

saiba **enxergar** as razões para comemorar.

Giftwork, como sabemos, foi uma palavra inventada pelo GPTW. Mas, olha que chique, já tem até antônimo!

O contrário de *Giftwork* é *commodity*.

Ou seja, se não é especial, é básico. É sem grande valor agregado. É de qualquer jeito. Foi por isso que, depois que ouvi a história da Andrea, promovida diante da própria mãe, fiquei mexido.

Será que eu estava promovendo as pessoas da minha equipe de um jeito *commodity*?

Decidi que, na próxima promoção que fosse dar para alguém, seria diferente! Foi com o Daniel Casseb, que trabalhou comigo como facilitador de treinamentos. Ele adora rock! Principalmente os clássicos!

No meio do expediente, fomos até o prédio do Santander, disse que teríamos uma reunião por lá e que era com gente importante, exigindo de nós os mais elevados níveis de gravata.

Chegamos ao local, entreguei um envelope para ele dizendo que era um "material importante para o encontro". Ele abriu.

Era uma carta minha agradecendo por tudo que ele havia feito no último ano, com ingressos para o espetáculo *We Will Rock You*. Fomos assistir juntos! No Teatro Santander, localizado no mesmo complexo.

Sabe qual o nome disso que eu fiz?

O mínimo.

Vou explicar! Celebrar quando alguém é promovido significa parabenizar a pessoa por todo empenho, dedicação e resultados que ela teve. Mas, peraí! Se a ideia do *Giftwork* é, justamente, *conquistar* esse empenho e dedicação?! Cheguei um pouco tarde, não cheguei?

A resposta oficial: mais ou menos.

Não cheguei tão tarde assim, porque afinal *continuei* contando com a dedicação e a energia do Daniel depois de assumir a nova posição.

Mas, sim, precisamos aprender a celebrar o caminho, não apenas a linha de chegada. Como líderes, precisamos manter o time motivado por 365 dias, não apenas na convenção na Bahia.

~

Precisamos aprender a encontrar oportunidades de comemoração no meio da estrada, ao invés de só fazer festa quando o objetivo final for atingido. Quais são, afinal, os marcos que valem uma algazarra? Quais são as fronteiras que valem o mínimo fuzuê?

Se a cabeça das pessoas está na próxima raia, isso inspira. Mas se elas já começam o ano com a cabeça lááá em dezembro… aff, dá até preguiça.

A grande causa pela qual a liderança *perde* celebrações é o *timing*! Por isso, segue um guia simples. As principais razões para comemorar! No que você precisa ficar de olho para não deixar passar nenhuma chance.

Motivos **coletivos**

Metas e patamares alcançados, claro, são os mais marcantes. Mas destes você já tomou nota.

Agora, já parou para considerar a celebração da categoria?!

Dia dos Advogados, Dia dos Engenheiros, Dia dos Médicos… Eu sei que do Dia dos Professores todo mundo se lembra! Mas será que no último dia 20 de junho todas as empresas lembraram de parabenizar o pessoal pelo Dia do Revendedor? No último 20 de abril será que os aeroportos celebraram o Dia do Controlador de Tráfego Aéreo? No último 30 de setembro você deu parabéns para seu secretário?!

Motivos **corporativos**

A empresa também comemora aniversário, não é? Geralmente, desta data a gente lembra.

No entanto, também faz muito bem lembrar quando passou um ano desde que começamos *aquele* projeto ou que lançamos *aquele* produto ou fizemos *aquela* aquisição.

Motivos **culturais**

Feliz Páscoa. Feliz Natal. Feliz Dia da Árvore, que seja. Entendeu, né?

Motivos **individuais**

Cada pessoa tem uma história.

Na trajetória de cada um, há momentos que ficam para sempre.

Quando chega alguém novo na empresa, por exemplo, para você pode ser só um dia curioso ("viu que o RH tá com analista novo?"), mas, para o indivíduo, talvez tenha sido um dos momentos mais importantes da vida! (O emprego TÃO sonhado depois de meses com título de desempregado no LinkedIn!)

Ou seja, não se esqueça de comemorar quando alguém da sua equipe faz mais um ano de casa. É mais um ano que aquela pessoa decidiu ficar junto contigo. Não é pouca coisa.

Mas, além disso, é impressionante quantos motivos individuais existem para se celebrar. Coisas que, normalmente, tratamos como se não fosse nada. Assim sendo, gostaria de me aprofundar um pouco mais neste tópico.

Me aprofundando
um pouco mais neste tópico

Para começar, vamos falar da comemoração dos três meses. Segundo a lei trabalhista brasileira, o empregador pode demitir um recém-contratado em até 90 dias sem grandes encargos. Portanto, deixar alguém chegar ao 91º dia de trabalho é sair do noivado e entrar no casamento. Dali para a frente, o negócio é sério.

Vale lembrar também que, via de regra, no primeiro trimestre todo mundo está um pouco perdido, tentando aprender como as coisas funcionam no ambiente novo. O mais provável é que, nesse período, você só tenha tido prejuízo com o novato.

Ficar com ele mais tempo, então, também é um jeito de confirmar a mensagem: *eu acredito em você.*

Diante de tudo isso, esses três meses precisam ser comemorados! É digno de um almoço especial com todo mundo do time, por que não?!

"Ai, Cauê! Mas como é que eu vou lembrar os três meses de todo mundo que eu contrato?!"

Que tal usar o Outlook?

Outra parte da trajetória individual que quase nunca é valorizada são as transferências internas. Sabemos que, a depender da estrutura, ir para outro departamento da empresa é quase uma mudança de vida. Salário, rotina, função, companhia…

Celebre as transferências! É uma das poucas ocasiões em que a pessoa pode ganhar duas festas. A de despedida e a de recepção. Como você preferiria ser recebido?

Opção a)
"Esse é um cartãozinho que todos do departamento assinamos para te dar boas-vindas! Esperamos que você seja muito feliz aqui!"

Opção b)
"Sua cadeira é a do canto."

Existe, finalmente, uma última oportunidade de celebração individual, mas essa é só para times com altíssimo nível de maturidade.

Minha colega, Daniela Diniz, falou sobre isso no artigo: "O que podemos aprender com a despedida de Everaldo Marques da ESPN Brasil". Depois de quinze anos na empresa, ele aceitou o convite para ir para a concorrente! O que a equipe fez, como forma de retaliação? Uma super-homenagem ao vivo!

A moral da história é que até a *saída* da pessoa precisa ser comemorada. Ela está indo para um concorrente? E daí?! A vida é assim. Ninguém é dono de ninguém. Se o que vocês construíram juntos foi importante, não vale ser celebrado?

Além do fato de que, assim, é passada uma mensagem para quem fica. É um jeito de dizer: "Nós respeitamos sua história aqui".

Aconteceu na **Móville**

Eles são proprietários da PlayKids, da Sympla e do iFood, empresa que tem crescido 100% ao ano.
Nos últimos oito anos!
Cheguei lá para fazer sessões de treinamento com a liderança. Me acompanharam pelos corredores, até a sala onde eu encontraria o pessoal. No meio do caminho...
– O que é aquilo?

Não aguentei de curiosidade. Uma parede enorme, toda colorida, cheia de imagens coladas. A foto da Torre Eiffel, uma barriga grávida, o desenho de uma casa…

– Cauê, que bom que você perguntou. Tava com vergonha de te mostrar, assim, do nada.

Fomos até bem perto daquele mural.

– Essa daqui é a nossa *Parede dos Sonhos*.

– Como é que ela funciona? – Me senti um pouco esquisito por perguntar como é que funciona uma parede. Normalmente elas funcionam todas da mesma maneira. Mas você entendeu.

– Aqui as pessoas dizem qual é o sonho delas! Logo quando entram na empresa, sabe? Então a parede tem duas funções. A primeira é de a gente conhecer um pouquinho mais sobre aquela pessoa que está chegando…

Uma aliança, um carro conversível, um chapéu de formatura. Pessoas diferentes, sonhos diferentes.

– A segunda coisa é que, assim, a pessoa consegue ver como a empresa participou disso!

Eu nunca esqueci.

Embaixo de algumas daquelas imagens havia um carimbo marcado.

Provavelmente, pelos próprios donos dos recortes e fotografias.

O carimbo dizia assim: "SONHO REALIZADO."

Lição **Nº 2**

saiba
como
celebrar.

Quando você não valoriza, datas são apenas datas.

Uma coisa é a empresa mandar aquele e-mail marketing em dezembro, dizendo: "Desejamos a todos um Feliz Natal e um próspero Ano Novo".

Outra coisa é o que a liderança do Banco Paraná fez.

Para diminuir a sensação de afastamento, por causa das medidas de isolamento social na pandemia de 2020, decidiram contratar um caminhão natalino. Um carreto iluminado que passou na casa de cada pessoa do time, deixando presentes e árvores de Natal.

O enfeite nas árvores? Fico tão orgulhoso de dizer! Tinham a forma do selo recém-validado de Great Place to Work.

As luzes, o caminhão, os presentes, a parafernália toda veio para lembrar: *Eu sei que nós estamos separados fisicamente. Mas não podemos nos esquecer: o que nos fez ser uma ótima empresa para se trabalhar não foi aquele escritório. E sim as pessoas que estavam dentro dele!*

〜

Dentro do GPTW temos o bom costume de viajar.

Quando batemos a "supermeta", como é chamada, a empresa inteira (sim, do estagiário ao presidente) visita algum lugar do mundo.

Las Vegas, Miami, Caribe… A primeira delas foi para Disney! O escritório estava todo decorado com Mickeys, para incentivar o pessoal. Alcançamos o número no dia 30 de dezembro.

Gente, foi uma festa!
Agora, vamos às contas.

Hotel (5 dias): R$ 2.000,00
Ingresso para os parques: R$ 1.600,00
Alimentação: R$ 1.000,00
Passagem (ida e volta): R $3.600,00

Ou seja, um total de R$ 8.200,00
R$ 8.200,00 que a empresa poderia ter dado na minha mão, com uma cartinha escrito: "Parabéns pelos bons serviços prestados". Daí, eu que fizesse o que eu quisesse com o dinheiro. Investisse na minha aposentadoria privada, comprasse um patinete, sei lá!
Mas, se fosse apenas isso, será que eu lembraria desse valor a ponto de mencionar no meu próprio livro?
Se fosse apenas isso, eu contaria para você com a mesma alegria que conto sobre as viagens?
Se fosse apenas isso, eu teria tantas *recordações*?
Como a lembrança do nosso CEO, em uma outra ocasião de supermeta alcançada, discursando para todo mundo, no meio da praia: "Nós não somos um GPTW porque estamos em Cancún. Nós estamos em Cancún porque somos um GPTW!".
Dinheiro não cria memória.
Saber celebrar significa deixar algo dentro das pessoas.

A primeira dica, você já deve ter sacado, é que o tamanho da comemoração deve ser proporcional ao tamanho do motivo.

A segunda dica é que o estilo da comemoração deve ter a cara do time!

Faça aquilo de que as pessoas gostam, a celebração é para elas. Não adianta levar um grupo de vegetarianos para festejar na churrascaria. Não vai ser legal obrigar uma pessoa retraída a cantar num karaokê.

Por exemplo, comemorar aniversário da pessoa é sempre bom?

Depende. Se ela for Testemunha de Jeová será um desrespeito!

A liderança da Soap – State of the Art Presentations – deu um tiro superdentro sobre esse assunto.

Para celebrar o batimento da meta do trimestre, agendaram uma reunião on-line. Bloquearam a tarde inteira no Outlook de cada um! Exigiram (ordens diretas da alta gestão) a participação de todos.

Quando as pessoas entravam na reunião, viam algo bem inesperado.

Uma música gostosa, voz e violão, e esta tela:

> Bem-vindo, essa reunião é uma não reunião.
> Obrigado por liberar esse tempo na agenda!
> Agora… aproveite com você mesmo!
>
> Meta batida.
> Parabéns demais!
> Vai descansar! :)

Sabiam que, depois de trabalhar tanto, a melhor festa possível para todos era simplesmente ir descansar. E não ficar escutando palavras de sabedoria de Sun Tzu sobre como vencemos mais uma batalha.

Todos amaram!

A confusão dos **aniversários**

"Mas, Cauê, eu não tenho tempo de ficar organizando festinha!"

Esse era o dilema do Leonardo, um dos líderes mais sagazes que conheci.

Certa vez, pensou em fazer algo especial para o aniversário de alguém da equipe, mas aí caiu naquele dilema que, de alguma forma, você já deve ter vivido: *Se eu fizer para um, vou ter que fazer para os quinze. Aí, danou-se! Não vou mais ter tempo para trabalhar!*

Ele me contou a sacada que teve.

E, agora, compartilho a ideia com você.

～

– Bom dia, pessoal. Vamos juntar uma roda aqui, por favor!

Todo mundo se acumulou.

– Cada um tem que pegar um dos papeizinhos que está na minha mão. Não mostra para ninguém, ok?

Foram tirando um a um.

– Este é o Amigo-Secreto dos Aniversários. Aí está escrito o nome da pessoa que você tirou e a data em que ela comemora mais um ano de vida. Você é o responsável pela festa dela. Vai trazer um bolinho? Uma lembrancinha? Uma paçoca?! Não sei! Só dê um jeito de que seja especial!

Durante todo ano um cuidou do outro.

Teve *slideshow*, vídeo de família, gente chorando emocionada...

Uma sequência de celebrações que fez o time perceber que era, essencialmente, um time.

Celebrar, no fundo, é isso.

Compartilhar sua felicidade com outro alguém.

Resumindo!

1º Encontre **razões** para celebrar

Podem ser razões culturais, corporativas, coletivas ou individuais. Motivos não faltam! Ligue o alerta. Pois se você não valorizar esses momentos, eles passam em branco.

Não esqueça que também é função do líder potencializar momentos felizes para o time.

2º Celebre da **maneira adequada**

O tamanho da festa deve ser proporcional ao tamanho do objeto de celebração. Mas, mais do que isso, deve ter a cara da equipe!

O fundamental é ter a sensibilidade de olhar para as pessoas e pensar: *O que teria valor para elas?* Já aviso que é bem difícil fazer isso. Empatia funciona como os bíceps! Precisa ser exercitada.

greatleadertowork.com/celebrar

Acessando este QR Code você poderá fazer uma **autoavaliação** para saber, afinal, se é um líder que **celebra junto** ao seu time.

Eu dediquei dez anos da minha vida a uma das companhias mais incríveis que existem no mundo.

Um lugar que nasceu com base na ideia "maluca" de que sim, as pessoas podem e devem ser felizes nos lugares onde elas trabalham.

Foram tantas histórias, foram tantos amigos, foram tantas alegrias que, para *celebrar* esses dez anos, achei que seria pouco fazer só um *post* no LinkedIn. De fato, me veio um sonho!

O sonho de escrever este livro.

Pois esse é meu exemplo final de *Giftwork*. O livro que está agora em suas mãos.

Espero que, de alguma forma, ele transforme sua vida.

Adeus Ou

aTÉ LOgO?

Essa quase não entra

Estávamos fechando o livro, quase mandando para impressão, quando fiquei sabendo desse caso.

Liguei para a editora com a maior cara de pau perguntando se ainda dava para fazer uma alteração.

– Mais uma, Cauê?!

Apesar da reação, como você já deve ter percebido, ela deixou.

O caso aconteceu no Ceará. Uma vendedora foi demitida. Normal, certo? Demitir pessoas, sei *muito bem*, não é algo que gostamos de fazer. Mas é parte fundamental da vida empresarial.

O que tornou o caso famoso, na verdade, foi a forma como demitiram a mulher!

O gestor da área achou que seria uma ideia bem bacana fazer um paredão. Exatamente, inspirado no programa Big Brother. Ele juntou a equipe e coagiu cada um deles a votar em alguém para ser mandado embora, acrescentando uma justificativa.

No final, a pessoa escolhida levantou e saiu, levando seus enfeites de mesa, uma depressão e traumas psicológicos.

Sim, lugares como esse existem.

"Gestores" como esse existem.

Meu pedido para você é que este livro te coloque ao meu lado para lutar contra esse tipo de postura! Que você seja, junto com tantos outros excelentes líderes, uma força boa no mundo!

Então, vale uma revisão.

Qual o elemento fundamental da boa liderança?
Confiança.

Como potencializar o processo de confiança?
Giftworks.

Onde podemos praticar os *Giftworks*?
Leadership MAP.

Pronto. Entendeu isso, entendeu tudo.

Não existe *great place to work* sem *great leaders to work*.

Conheça bem cada pessoa com quem você trabalha, elabore o *Giftwork* de forma genuína e parta para ação. Rapidamente, vai ver os reservatórios cheios de confiança.

Mas nunca se esqueça de fazer algo que seja importante para *quem está recebendo*! Que tenha *a cara de quem está recebendo*! Cada empresa tem um jeito, cada departamento tem um estilo, cada indivíduo valoriza coisas diferentes. Sem olhar verdadeiramente para o outro, a ação vira "*Giftwork* de grego".

O Leadership MAP, claro, vai guiar o caminho. Mas chegou a hora de fazer uma revelação importante.

Sinto dizer, ele só vai resolver metade dos seus problemas...

Sabe por quê?

Pois tão importante quanto ter técnica… é ter repertório!

Aqui, claro, já vimos muitas ideias. Desde vídeos para os recém-chegados até cartas para agradecer a família, desde a comemoração do que deu errado até a semana para cuidar da saúde. Desde a reunião de mentira que virou descanso-surpresa até… Enfim! São possibilidades que diversos líderes do país compartilharam comigo.

Mas, obviamente, não são as únicas.

Por isso, quero te deixar um último presente.

Vou repetir, aqui abaixo, o QR Code por meio do qual você tem acesso à nossa comunidade de Great Leaders to Work no Facebook, onde trocamos experiências e aprendemos uns com os outros.

Espero que essa rede sirva para você como um lugar de inspiração. Afinal, a liderança é uma caminhada sem fim.

É como dizia uma grande mestra que tive na FGV, a senhora Paulette. Uma daquelas professoras "centenárias" que só pelo jeito de olhar já parecem sábias. Estava concluindo sua aula final. Depois de tantos autores, tantas teorias e tantos teoremas, virou para nós e falou, pela primeira vez, em tom de desabafo.

– Sinceramente? A verdade é que não tem problema se vocês esquecerem tudo isso! Desde que vocês se lembrem de uma única coisa. Se cada líder tivesse que pendurar uma única plaquinha no peito, com uma frase que o definisse, a melhor delas seria a que estivesse escrito...

Ela deu uma pausa.
Depois continuou.
– ...*em obras.*

"Conheça todas as teorias, domine todas as práticas, mas ao tocar uma alma humana seja apenas outra alma humana."
Carl Jung

Cabe a mim, agora, me despedir.

Desejo a você boa sorte em sua jornada. Como talvez não nos vejamos por algum tempo, peço que não esqueça como os *Giftworks* mudam as pessoas!

Neste mundo, onde é tão raro achar algo permanente, *Giftworks* têm um poder especial. Porque ficam para sempre. São pequenas histórias, às vezes detalhes, que pelo seu valor jamais são esquecidos.

Portanto, é a forma mais eficaz de o líder deixar um legado.

Você sabe a diferença entre legado e herança?

Herança é o que se deixa *para* as pessoas. Legado é o que se deixa *nas* pessoas.

Um *Giftwork*, no fundo, reverbera respeito, atenção, dedicação... Valores que ficam instaurados em quem recebeu e, com o tempo, aparecem nas atitudes do indivíduo. Ou seja, no seu trabalho! É assim que os líderes obtêm resultados: *por meio* das pessoas, e não *apesar* delas.

Última pergunta:
para que serve tudo isso?

Como certa vez me ensinou Michael Bush, existem diversas boas razões pelas quais nós trabalhamos:
- salário (eu sei, você já pensou nessa);
- ter tarefas que dão sentido ao nosso dia;
- estar em um ambiente no qual pessoas confiam em nós;
- descobrir habilidades que não sabíamos que tínhamos;
- transformar as nossas vidas.

Talvez, um último bom motivo é que, com nosso trabalho, temos a possibilidade de transformar o mundo. Isso vale para todos! Desde um ministro do Meio Ambiente, que coordena operações de impacto nacional, até um vendedor de brigadeiros, que pode mudar o dia de alguém.

E se brigadeiro não muda seu dia, mande o seu para mim, porque para mim muda.

Exatamente. Quando as pessoas estão devidamente engajadas a realizar suas tarefas, juntas, podem transformar a sociedade para melhor. Esta é a missão do GPTW! Mas se, por acaso, isso parece um conceito um pouco etéreo, utópico e otimista demais para seu gosto, não se preocupe!

Eu tenho um exemplo.

É a última história deste livro.

E aconteceu com meu pai.

O **diploma**

Em novembro de 2020, aquele mesmo Toninho, que vendia ingressos das pecinhas de teatro quando eu era criança, me ligou.

– Oi, pai!

Naquela época, ele já morava sozinho. Estava se sentindo doente e queria me contar. Não pensei meia vez, peguei o carro e fomos para o hospital.

– Senhor Antônio, isso?

– Pode ser Toninho.

– Toninho… é Covid. Você está com 25% do pulmão comprometido.

Sim, ficamos bem preocupados. Mas a doutora disse que ainda era cedo para criar um alarme. Recomendou uma série de antibióticos e acompanhamento em casa por três dias.

– O mais provável é que, nesse tempo, ele melhore.

Não melhorou.

Já no dia seguinte não podia mais ficar de pé. Voltamos ao ambulatório.

– Você fez bem em trazer ele de volta.

– Que houve, doutora?

– Está com 50% do pulmão comprometido.

Ficou internado com uma máscara de alta pressão. Devia ser o suficiente para ajudar na recuperação.

Não foi.

– Vamos precisar levá-lo para UTI.

Nem preciso dizer a tensão que senti naqueles dias, só pedindo a Deus para tudo ficar bem.

Não ficou.

– Alô, Cauê de Oliveira?

– Oi, é ele! É do hospital?

– Sim, sobre o senhor Antônio.

Tremi.

– Ainda faremos mais uma noite de observação, mas muito provável que, depois dela, precisemos realizar uma intubação.

Eu e minha família já não conseguíamos mais dormir. Curiosamente, meu pai sim! Me contou depois que, naquela noite, sonhou com meus avós (já falecidos) o visitando no quarto.

– Cauê, nós não sabemos explicar. O Toninho melhorou subitamente. Deu tudo certo! Se continuar nesse ritmo, vai logo para casa!

Entre tantas pessoas amadas que perdemos na pandemia, agradeço a Deus a recuperação do meu pai. A surpresa final foi no dia que recebeu alta. A equipe de enfermagem e a doutora nos entregaram uma folha A4 impressa com um diplominha. De mentira, sabe? Escrito assim:

Agora, fica a reflexão.

Você acha que o hospital contratou alguém especificamente para cuidar da impressão desses certificados?

Qual seria o cargo dessa pessoa? Especialista Pleno de Impressões de Mensagens Motivacionais Pós-Tratamento?

Obviamente, não é o caso. Esse carinho da equipe, no fundo, é só a consequência de pessoas que estão emocionalmente envolvidas com o que fazem. Gente que torce para tudo dar certo e, ainda mais importante, trabalha duro para que isso aconteça.

Os *Giftworks* que a equipe recebe, acredite ou não, chegam ao cliente. Ninguém vai receber um bônus salarial extra por causa daquele diplominha! Mas ações assim acontecem em ambientes de trabalho com altíssimo índice de confiança. Nesses lugares as pessoas vão além, *muito além*, do *job description*.

Por isso, se me permitem, eu gostaria de terminar este livro mandando um recado.

Um recado para a Luiza Farias, a mesma garota que me mandou uma mensagem no Instagram, em 2020, dizendo achar "estranha" a ideia de se gostar de um lugar onde se trabalha.

Luiza, onde você estiver, acredite em mim…

Esses lugares existem.

Eu sei, às vezes parece que não! Mas nunca deixe te convencerem disso! Principalmente, nunca deixe te convencerem de que você não merece estar em um lugar como esses!

Cada um de nós merece ser feliz enquanto faz diferença no mundo.

Saiba que eu espero, de todo o meu coração, que você e cada um de nós encontre, sempre, o seu ***great place to work.***

greatleadertowork.com/bibliografia

Acessando este QR Code você terá acesso a todas as **referências de artigos, pesquisas e livros** que foram usados para compor esta obra.

Sobre os autores

Cauê Oliveira

Cauê Oliveira se tornou sócio-diretor da Great People Leadership em 2021, após uma carreira de dez anos no Great Place to Work. Embaixador do *Giftwork*, já compartilhou conhecimento sobre liderança e gestão de clima organizacional com mais de 200 empresas. acumulando mais de 7.000 horas de sala de aula.

É responsável pelo desenvolvimento de treinamentos para liderança, como: "Atingindo os objetivos organizacionais", "Conquistando o melhor das pessoas" e "Cultivando o espírito de equipe".

Seu TEDx "Como criar a melhor empresa para trabalhar", realizado em 2018, levou uma mensagem inspiradora para aproximadamente 400 mil visualizações.

Pós-graduação em Gestão de Pessoas com Ênfase em Liderança Organizacional pela FGV, desenvolveu sua habilidade de oratória no curso de teatro da escola 4 ACT.

Hoje, mora na cidade de São Paulo, com seu companheiro Everton e Chokitto, seu filho de quatro patas.

Gustavo Penna

Gustavo começou a carreira de escritor aos doze anos. Vendia redações escolares para os colegas de sala em troca de dinheiro para comprar salgadinhos na cantina.

Atuou como repórter freelancer da *Folha de S.Paulo* e como roteirista da empresa Soap – State of the Art Presentations, escrevendo para empresas como HBO, Nespresso, Porsche e Google, e personalidades como Otávio Mesquita, Adriane Galisteu, Roberto Justus, Tiago Abravanel e Luciano Huck.

É autor da biografia oficial de Magno Alves, um dos maiores artilheiros da história do futebol, e do livro *Os Sete da Independência*, vencedor do Prêmio Literário 200 anos de Independência (2019), realizado pelo Ministério da Cultura.

Deu aulas de roteiro em companhias como Itaú, Renault, Avon, Johnson & Johnson, Senac e FGV e foi um dos pré-selecionados pela ABC Discovers – Talent Showcase, concurso internacional de roteiros da Walt Disney Television.

Desde a sétima série, não vende mais redações para colegas de sala.

©2021, Pri Primavera Editorial Ltda.

©2021, Cauê Oliveira e Gustavo Penna

Equipe editorial: Lourdes Magalhães, Larissa Caldin e Manu Dourado
Preparação: Larissa Caldin
Revisão de texto: Fernanda Guerriero Antunes
Diagramação: Editorando Birô
Projeto gráfico, Ilustrações e Capa: Estúdio Theo
Impressão: Plena Print

Dados Internacionais de Catalogação na Publicação (CIP)
Angelica Ilacqua CRB-8/7057

Oliveira, Cauê
  Great leader to work: como os melhores líderes constroem as melhores empresas para trabalhar / Cauê Oliveira, Gustavo Penna. -- São Paulo: Primavera Editorial, 2021.
  340 p. : il.

ISBN 978-65-86119-68-8

1. Liderança 2. Administração de empresas I. Título II. Penna, Gustavo

21-4209   CDD 658.4092

Índices para catálogo sistemático:
1. Liderança

GREAT PEOPLE
Books

Av. Queiroz Filho, 1560 - Torre Gaivota - Sala 109
05319-000 – São Paulo – SP
Telefone: +55 11 3034-3925
WhatsApp: +55 11 99197-3552
contato@primaveraeditorial.com
www.greatpeopebooks.com.br